Lenkdrachen zum Nachbauen

Thomas Erfurth
Harald Schlitzer

LENKDRACHEN

zum Nachbauen

ENGLISCH VERLAG

CIP-Titelaufnahme der Deutschen Bibliothek

Erfurth, Thomas/ Schlitzer, Harald:
Lenkdrachen zum Nachbauen/Thomas Erfurth, Harald
Schlitzer. – Wiesbaden: Englisch, 1989. 1. Auflage

ISBN 3-8241-0355-9

Die Ratschläge in diesem Buch sind von den Autoren und vom Verlag sorgfältig
erwogen und geprüft, dennoch kann eine Garantie nicht übernommen werden.
Eine Haftung der Autoren bzw. des Verlages und seiner Beauftragten für
Personen-, Sach- und Vermögensschäden ist ausgeschlossen.

Inhalt

Einleitung 7

Windstärkentabelle 9

Die Materialien und ihre Handhabung

Werkzeuge und Hilfsmittel 10
Bespannungs- und
Verstärkungsmaterial 11
Das Nähen von Spinnakernylon 12
Das Drachengerüst 14
Wichtige Kleinteile und
Verbindungen 15
Waagen- und Lenkschnüre 17
Knoten und Spleißen 19

Flug und Steuerung 22

Womit wird gesteuert? 22
Lenkdrachenschwänze 24
Gespannflug 24
Lenkdrachenmeisterschaften 24

Bauanleitungen 26

Stunter 28
Lenkdelta 33
Swing 39
Top-Swing 44
Ducktail 49
Skywindow 53
Facette 57

Die Startanleitung 60

Die Fehlerbehebung 60

Die Flugfiguren 61

Sicherheitsregeln 62

Literaturverzeichnis 63

Einleitung

Er kam, sah und flog

Wem der einleinige Drachen zu langweilig ist, wer noch mehr Spaß haben will und was ganz Neues ausprobieren möchte, dem sei geraten: „Flieg' einen Lenkdrachen". Die Sportlichkeit und Dynamik, die im Lenkdrachenfliegen steckt, ist einfach einmalig und packend. Aber was sind Lenkdrachen? Lenkdrachen werden vom Boden aus mit zwei Schnüren, die links und rechts am Drachengerüst befestigt sind, geflogen. Durch Anziehen einer der beiden Schnüre können sie kontrolliert gesteuert werden und fliegen etwa zwei- bis dreimal schneller als der Wind.

Es ist zwar noch kein Meister vom Himmel gefallen, aber dieser recht neue Sport ist schnell von jung und alt zu erlernen. Man wird sich wundern, was alles mit einem Lenkdrachen möglich ist. Angefangen von Loopings, Sturzflügen, bodennahen Horizontalflügen und vieles mehr. Je nach Windstärke, Größe oder Anzahl der geflogenen Lenkdrachen ist es manchmal unumgänglich, sich mit dem Lenkdrachen zusammen mittels eines Hüftgurtes am Boden oder an einem festen Gegenstand zu verankern. Solche Extremfliegerei ist nichts mehr für Kinder, sie erfordert schon einiges Geschick, Kraft und Erfahrung.

Damit beim Kampf mit dem Element Wind auch spektakuläre Abstürze vom Lenkdrachen verkraftet werden, ist es erforderlich, sogenannte High-Tech-Materialien zu verwenden. Nicht nur das richtige Material ist entscheidend, auch die Verarbeitung muß dabei höchsten Ansprüchen genügen. Auf dieses Thema gehen wir später noch genauer ein.

Den Lenkdrachen gibt es nicht erst seit gestern. In der ersten Hälfte des 19. Jahrhunderts machte ein Dr. Colladon in der Schweiz die ersten Experimente mit lenkbaren Drachen. Ursprünglich sollten sie dazu dienen, Schiffbrüchige zu retten. Man ging dabei von der Idee aus, mit dem Lenkdrachen eine Rettungsleine vom Schiff zum Ufer zu transportieren. Die Entwicklung stand über die Jahre nicht still; eine verbesserte Form des Lenkdrachens wurde von einem Leutnant der US- Navy, Paul E. Garber, entwickelt. Dieser sogenannte Zieldarstellungsdrachen wurde als bewegliches Zielobjekt bei Marinemanövern zum Übungsschießen eingesetzt.

Ende des Zweiten Weltkrieges entwickelte der Luftfahrtingenieur Francis M. Rogallo aus den USA einen Drachen mit flexiblen Flügeln. Die Tragfläche konnte sich somit optimal dem Wind anpassen und sorgte so für besten Auftrieb. Auf diesem Prinzip basieren heutzutage Drachen und Lenkdrachen, auch der bemannte Hängegleiter.

So richtig wiederentdeckt wurde der Lenkdrachen erst in den sechziger beziehungsweise siebziger Jahren. Einen großen Anteil daran hatte mit Sicherheit der Engländer Peter Powell. Er konstruierte in sechsjähriger Arbeit einen Lenkdrachen, der sich als attraktives Spiel- und Sportgerät für jedermann eignete. Natürlich gab und gibt es außer den genannten Drachen- und Lenkdrachenerfindern noch mehr pfiffige Drachenbauer, die jedoch, wollte man sie alle aufzählen, den Rahmen dieses Buches sprengen würden.

Wer noch mehr über Drachen und speziell Drachengeschichte erfahren möchte, findet am Ende des Buches wichtige Hinweise im Literaturverzeichnis.

Die Popularität des Lenkdrachenfliegens ist mittlerweile schon so weit ange-

stiegen, daß seit einigen Jahren sogar Meisterschaften mit internationaler Beteiligung ausgefochten werden. Dort kommt es auf besondere Geschicklichkeit und Präzision im Flug an. Es muß dabei, wie beim Eiskunstlauf, ein Pflicht- und Kürprogramm absolviert werden. Dies beinhaltet das Fliegen von bestimmten Figuren und eine Kür nach Musik mit eigenem Programm.

Da dieser Sport trotz allem noch sehr jung ist, stehen für jeden noch alle Türen offen für einen Meistertitel. Aber langer Rede kurzer Sinn: Auf daß ein neuer Meister geboren wird und alle ihren Spaß haben! Wir wünschen allen Newcomern viel Wind von hinten und guten Flug.

Die Drachendompteure

Harald Schlitzer
Thomas Erfurth

Windstärkentabelle

Die Windstärke wird üblicherweise in Beaufort angegeben, abgekürzt Bft. Per Telefon ist es möglich, vom Segelflugwetterdienst der Post in den Monaten März bis Oktober die jeweiligen Windstärken mit Bodenwind zu erfahren. Als sichtbare Hilfe reicht oft schon ein hoher Schornstein; bei leichter Neigung des Rauches lohnt es sich kaum, seinen Lenkdrachen auszupacken.

Zu bedenken ist, daß ein Lenkdrachen im Gegensatz zum nicht steuerbaren Drachen immer ein wenig mehr Wind benötigt. Das liegt daran, daß der Lenkdrachen hart zum Wind steht, während der einleinige Drachen mehr auf dem Wind liegt. Ab 3 Bft. Windstärke fängt Lenkdrachenfliegen an Spaß zu machen. In richtige Fahrt kommt er mit einer steifen Brise, da geht richtig die Post ab.

Windstärken

Beaufort-skala abgek. Bft.	km/h	m/sek.	Knoten	Beschreibung	Was man sieht
1	1.8– 5.5	0.51– 1.5	1– 3	Lüftchen	Rauch schräg
2	6 –11.5	2 – 3	4– 6	leichte Brise	Blätter rascheln
3	12 –19.5	3.5 – 5	7–10	sanfte Brise	Blattbewegung
4	20 –29.5	5.5 – 8	11–16	mittlere Brise	Zweigbewegung
5	30 –39.5	8.5 –10.5	17–21	frische Brise	Astbewegung
6	40 –50	11 –14	22–27	steife Brise	dicke Astbewegung
7	50.5–61	14.5 –17	28–33	starker Wind	Baumbewegung
8	61.5–74.5	17.5 –20.5	34–40	stürmischer Wind	Zweige brechen

Die Materialien und ihre Handhabung

Werkzeuge und Hilfsmittel

Für einen vernünftigen Bau von Lenkdrachen sind bestimmte Werkzeuge und Hilfsmittel unentbehrlich. Das meiste der benötigten Dinge wird ein Hobbybastler in seinem Werkzeugschrank finden.

- *Schere*
  sie sollte scharf sein und nur zum Schneiden von Spinnakernylon benutzt werden.
- *Feuerzeug*
  zum Abschmelzen von Kunststoffschnurenden, verhindert ein Ausfransen der Schnur.
- *Bleistift*
  zum Zeichnen von Hilfslinien auf Bespannungsmaterial.
- *Weißer Stift*
  für klare Hilfslinien auf dunklem Bespannungsmaterial.
- *Metallineal*
  zum Zeichnen oder Schneiden von geraden Linien, zum Beispiel mit dem Lötkolben.
- *Rechter Winkel und Zollstock*
  wichtig, wenn alles genau sein soll.
- *Messer*
  zum Schneiden, Spitzen oder Kerben von Holz oder PE-Schlauch (PE = Polyäthylen).
- *Klebstoff*
  Kraftkleber und Sekundenkleber für Stoff und Stäbe.
- *Zweigschere*
  ermöglicht problemloses Trennen von Holzstäben und PE-Schlauch.
- *Puksäge*
  zum Sägen von Holz-, Aluminium-, Glasfilament-, Kohlefaser- und GFK-Stäben (GFK = Glasfaserverstärkter Kunststoff).
- *Staubmaske*
  verhindert ein Einatmen des schädlichen Glasfaserstaubes beim Sägen.
- *Feile*
  zum Einkerben und zum Entgraten von Schnittkanten.
- *Hammer*
  für Schlageisen und Schlagnietwerkzeug.
- *Lochzange*
  zum exakten Ausstanzen von Löchern in Tuch oder PE-Schlauch.
- *Schlageisen*
  6 mm $\emptyset$ und 8 mm $\emptyset$, zum Ausstanzen von größeren Löchern in stärkerem Material, wo die Lochzange nicht mehr ausreicht.
- *Nietzange*
  zum korrekten Befestigen von Hohlnieten im Segel.
- *Schlagnietwerkzeuge*
  für eine sichere Befestigung von großen Hohlnieten.
- *Lötkolben mit Schneidespitze*
  vermeidet beim Ausschneiden von Spinnakertuch ein Ausfransen der Nylonfaser durch gleichzeitiges Verschmelzen.
- *Schraubzwinge*
  hält hilfreich Baumaterial bei der Bearbeitung fest, als Schraubstockersatz gedacht.
- *Nahttrenner*
  zum Auftrennen von Nähten, wenn man sich mal vernäht hat.
- *Bleistiftspitzer*
  zum Entgraten und Anspitzen von kleineren Stäben.
- *Stumpfer Meißel*
  zum Biegen von Aluminiumrohr.

– *Spleißnadel*
  absolut notwendig für verlustfreies Knoten und Verbinden von Schnüren, was die Reißfestigkeit angeht.
– *Nähmaschine*
  alt oder neu.

Bespannungs- und Verstärkungsmaterial

Da Lenkdrachen mehr als andere Drachen durch Abstürze gefährdet sind, müssen sie höchsten Ansprüchen genügen. Aus diesem Grund muß für eine recht robuste Bespannung gesorgt werden. Dazu hat sich das aus dem Segelsport kommende Spinnakernylon am besten bewährt. Spinnakernylon, im Englischen auch Ripstop-Nylon genannt, besteht aus heiß gewalztem Nylon, in das längs- und querverlaufende Verstärkungsfasern eingelassen sind.
Mit dieser Herstellungstechnik zeichnet sich Spinnakernylon besonders durch hohe Reißfestigkeit und geringes Gewicht aus. Angeboten wird es in den unterschiedlichsten Farben, Qualitäten und Stärken von 20 bis 65 g/m^2. Die im Buch vorgestellten Lenkdrachen werden ausschließlich mit 45 g/m^2 starkem Spinnakertuch bespannt, was sich als ausreichend erwies. Erhältlich ist Spinnakernylon in der Regel in Drachenläden, Segelmachereien und in einigen Hobbyläden.
Verstärkungsmaterial ist unentbehrlich für die Haltbarkeit des Lenkdrachens. Viel beanspruchte Stellen, wie Ränder, Ecken, Löcher und Stabtaschen, werden damit hilfreich geschützt und verstärkt.
Wegen ihrer Witterungsbeständigkeit sind Kunststoffmaterialien als Verstärkung am geeignetsten, wie Dacron, ein festes Material aus dem Segelsport (gibt es als Meterware), Gurtband (Rolladengurt, Autogurt) und Polyesternahtband. Zum Vernähen der jeweiligen Verstärkung sollte eine stärkere Nähnadel Nr. 90–110 und eine entsprechende Fadeneinstellung gewählt werden.

Das Nähen von Spinnakernylon

Da man Spinnakernylon nicht kleben kann, muß es vernäht werden. Zwar ist es möglich, seinen Drachen per Hand zu nähen, jedoch ist diese Methode sehr mühsam, und es empfiehlt sich, eine Nähmaschine zu benutzen. Im Prinzip kommt jede Haushaltsnähmaschine in Frage. Sie sollte zwecks eines besseren Stofftransportes mit einem Teflonfuß ausgestattet werden, da Spinnakernylon ein sehr glattes Material ist.

Für den Drachenbau eignet sich am besten ein Polyestergarn der Stärke 60 und eine herkömmliche Nähnadel der Stärke 80. Der Abstand der einzelnen Stiche sollte auf 3 mm eingestellt sein. Ein zu geringer Abstand hat zur Folge, daß das Stoffmaterial durch die enge Perforation ausreißen kann. Die Ober- und Unterfadenspannung muß exakt auf das Nylongewebe eingestellt werden, um eine Schlaufenbildung außerhalb des Stoffes zu verhindern.

Hilfreich für den Anfang ist es, ein helleres Spinnakertuch zu verwenden; man sieht besser die gezeichneten Hilfslinien der unteren Stoffbahn durch. Unterstützend für eine gerade Naht ist es, sich die einzelnen Nähte mit Stecknadeln oder mit einem Kunststoffkleber zu fixieren. Dabei ist darauf zu achten, daß der Kleber völlig austrocknet, weil sonst die Nähnadel mit dem Garn verklebt.

Damit das sehr glatte Spinnakertuch nicht verrutscht, wenn es gegeneinander vernäht wird, muß für einen gleichmäßigen Stofftransport gesorgt sein.

Mit der linken flachen Hand wird der gesamte Stoff geführt. Mit dem Daumen und Zeigefinger der rechten Hand hält man den Stoff unter sehr leichter Spannung vor dem Teflonfuß. Dies ermöglicht einen kontrollierten Richtungsverlauf der Naht im Spinnakertuch.

Bei den abgebildeten Nähten handelt es sich um:

1. die offene Kappnaht,
2. die geschlossene Kappnaht,
3. die offene Umsäumung,
4. die geschlossene Umsäumung.

Wegen ihrer hohen Haltbarkeit hat sich die Kappnaht für die Verbindung von Stoffteilen am besten bewährt. Je nachdem, ob das Spinnakernylon mit einem Lötkolben heiß ausgeschnitten wurde oder nicht, kommt für die Saumnaht entweder die offene oder geschlossene Umsäumung in Frage. Grundsätzlich wirkt eine geschlossene Naht optisch viel sauberer und hält wesentlich mehr aus. Wichtig ist noch, die Umsäumungen immer zur Rückseite des Drachens zu falten und zu nähen.

Die offene Kappnaht

Zu Beginn und am Ende jeder Naht ein paarmal auf der Linie vor- und zurücknähen, verhindert ein Öffnen der Naht. Stoffzugabe ca. 1 cm. Stoffteile a und b entlang der Hilfslinien aufeinanderlegen. An dem mit einem Pfeil gekennzeichneten Punkt nähen.

Stoffteile a und b nach der Naht auseinanderklappen, die beiden heraufstehenden Enden nach links umlegen und mit den Fingern in Position falzen. Dann an dem mit dem Pfeil gekennzeichneten Punkt, ca. 2–3 mm neben dem Rand, wieder nähen.

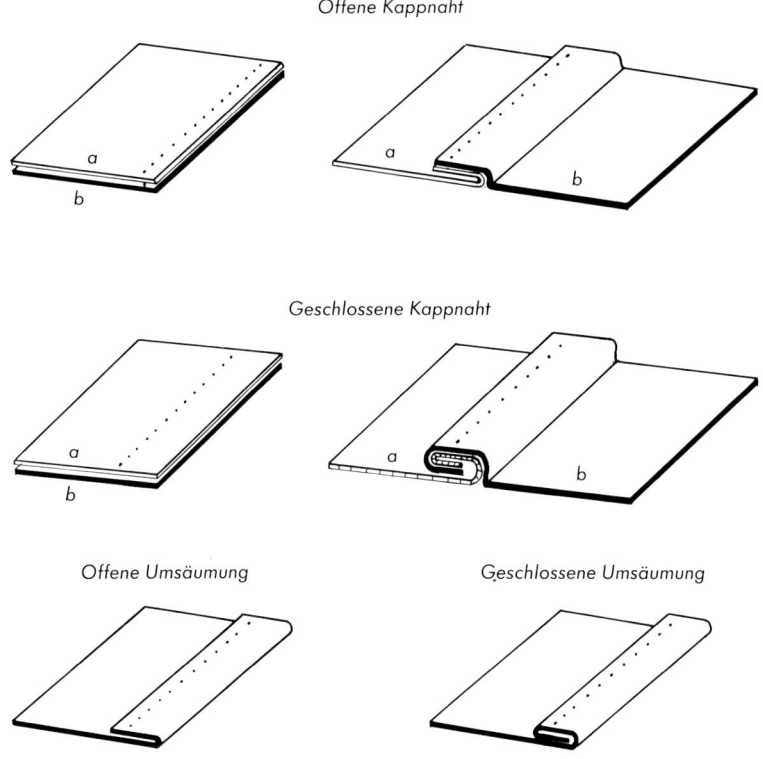

Offene Kappnaht

Geschlossene Kappnaht

Offene Umsäumung   *Geschlossene Umsäumung*

Die geschlossene Kappnaht

Der Anfang verläuft wie bei der offenen Kappnaht. Stoffzugabe ca. 1,2 cm bis 1,5 cm.

Stoffteile a und b nach der Naht auseinanderklappen und die beiden heraufstehenden Enden erst nach rechts falzen. Dann die oberen 0,7 mm links zur Naht hin falzen und das Ganze nach links umlegen. Ca. 2–3 mm neben dem Rand an dem mit dem Pfeil gekennzeichneten Punkt wieder nähen.

Die Naht wirkt anfangs vielleicht etwas kompliziert, sieht aber gut aus und hält am besten. Wichtig bei der zweiten Naht ist, daß die Stoffteile a und b leicht auseinandergezogen werden, damit zwischen der ersten und zweiten Naht keine Falten entstehen.

Die offene Umsäumung

Stoffzugabe ca. 1 cm. Entlang der Hilfslinie den Saum nach links umlegen und falzen. Dann an dem mit dem Pfeil gekennzeichneten Punkt ca. 2–3 mm neben dem Rand nähen.

Die geschlossene Umsäumung

Stoffzugabe ca. 1,2 cm bis 1,5 cm. Die oberen 0,7 mm des Saumes entlang einer Hilfslinie nach links falzen. Dann das Ganze an der zweiten Hilfslinie nach links umlegen. Ca. 2–3 mm neben dem Rand an der mit dem Pfeil gekennzeichneten Stelle nähen.

13

Das Drachengerüst

Leichtigkeit, Stabilität und Steifigkeit sind die wichtigsten Aspekte, die ein Lenkdrachengerüst erfüllen sollte. Wichtig ist noch, daß sich bei einem Absturz die Gerüststäbe aus ihrer Verbindung lösen, also nicht zu starr verbunden sind. Die am besten geeigneten Gerüststäbe für Lenkdrachen sind GFK-, Glasfilament-, Kohlefaserstäbe und Raminrundhölzer.

Achtung! Beim Sägen dieser Stäbe, außer Raminrundholz, sollte wegen des gesundheitsschädlichen Staubes, der dabei entsteht, eine Staubmaske getragen werden.

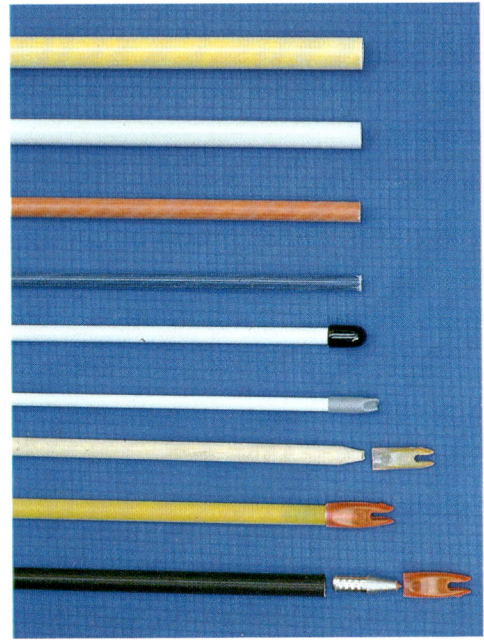

– *GFK-Stab,* als Vollstab oder Rohr, kommt häufig im Lenkdrachenbau zur Anwendung wegen seiner extremen Belastungsfähigkeit und guten Verarbeitungsmöglichkeit. GFK gehört mit zu den modernen Gerüstmaterialien und ist erhältlich ab 2 mm ∅ als Voll- oder Hohlstab in Drachen- und Hobbyläden.

– *Glasfilamentstäbe* sind sehr leicht, steif und haltbar und kommen besonders bei Sportlenkdrachen zum Einsatz. Es handelt sich hierbei um längs- und quergewickelte Glasfasern, die mit Epoxitharz ausgehärtet sind. Dieses absolut neue Material ist erst seit wenigen Jahren auf dem Markt. Erhältlich ist es in verschiedenen Durchmessern und Längen als Hohlstab fast ausschließlich nur in Drachenläden.

– *Kohlefaserstäbe* sind als Hohlstab wohl das extremste Material, was Steifigkeit, Leichtigkeit und Haltbarkeit angeht. Es ist ein sehr teures Material und wird fast nur von Lenkdrachenprofis benutzt, um noch ein wenig schneller zu werden. Auch dieses Material bekommt man eigentlich nur in Drachenläden.

– *Raminrundholz* kommt im Lenkdrachenbau, bis auf wenige Ausnahmen, nur zur Anwendung im Gespannflug bei Ergänzungsdrachen, die im Gegensatz zum Leitdrachen (erster Drachen in einem Gespann) weniger belastet werden. Raminrundholz ist sehr leicht und hält durch seine langen Holzfasern auch hohen Belastungen stand, ohne zu brechen. Ist kein Raminrundholz zu bekommen, kann als Alternative auch Buchen- oder Fichtenrundholz benutzt werden.

Wichtige Kleinteile und Verbindungen

Damit das Stabgerüst eines Lenkdrachens stabil und gleichzeitig flexibel zusammenhält, sind diverse Verbindungs- und Kleinteile unersätzlich (siehe Bild).

- *Kreuzverbinder* aus Hartkunststoff werden von Drachen- und Hobbyläden in unterschiedlichen Formen und Größen angeboten. Aus einem Stück Ertalonkunststoff lassen sich auch spezielle Verbindungsteile selbst herstellen.
- *Aluminium- oder Messingrohr,* auch Stücke aus GFK oder Kohlefaser eignen sich hervorragend als stabile Verbindungsmuffen.
- *PE-Schlauch* (Polyäthylenklarsichtschlauch) wird benötigt zum Herstellen von Kopfstücken, Kreuz- und Seitenverbindungen. PE-Schlauch ist praktisch in allen Größen und Stärken erhältlich und hat sich bestens bewährt.
- *Wirbelkarabiner,* die vom Angelsport übernommen wurden, verhindern ein unvorteilhaftes Verdrehen der Lenk- und Waagenschnur, zum Beispiel bei Loopings. Außerdem verbinden Wirbel problemlos die Lenkschnur mit dem Lenkdrachen. Erhältlich sind Wirbel in allen Größen und Stärken. Sie sollten, was die Reißfestigkeit angeht, auf den einzelnen Lenkdrachen abgestimmt sein.
- *Karabiner* aus Metall, zum Beispiel Aluminium, dienen der sicheren Befestigung der Lenkschnüre an großen Sportlenkdrachen.
- *Klammern* werden gebraucht, um Ergänzungsdrachen sicher anhängen zu können.

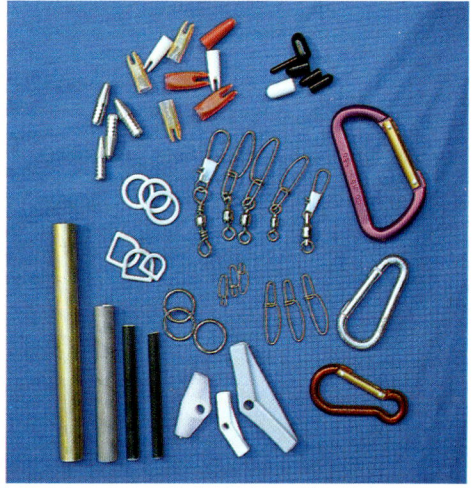

- *Sprengringe, O- oder D-Ringe* aus Metall, meist als Waagenringe benutzt, dienen zur einfachen Befestigung der Lenkschnur mit dem Wirbelkarabiner.
- *Stabendkappen* aus Kunststoff oder Gummi sind nötig zum Selbstschutz vor kantigen Stabenden und verhindern ein Durchstoßen des Stabes durch das Drachensegel. Als Alternative kann man die Stabenden auch mit Gewebeisolierband umkleben.
- *Pfeilnocken* dienen zum Spannen des Drachensegels. Sie werden mit einem Aluminiumeinsatz und Sekundenkleber im Hohlstab befestigt. GFK- oder Raminstäbe müssen vorher angespitzt werden.

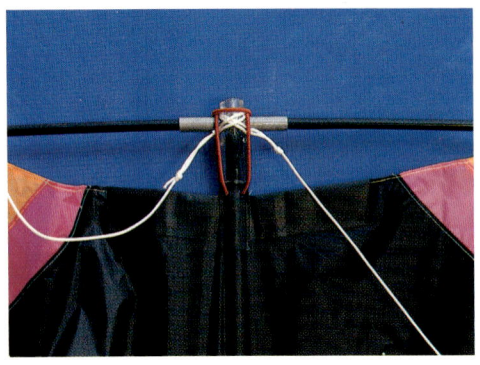

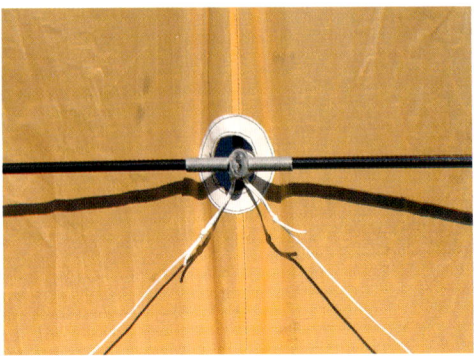

Verbindungsmöglichkeiten

1. Eine haltbare Kreuzverbindung läßt sich relativ einfach mit einem 10 cm langen Stück Aluminium- oder Messingrohr (12 mm Außendurchmesser, 8,5 mm Innendurchmesser) und PE-Schlauch konstruieren.
Man nehme zwei ca. 8–10 cm lange PE-Schlauchstücke mit unterschiedlichen Durchmessern, zum Beispiel Innendurchmesser = 13 mm, Außendurchmesser = 11 mm, stecke die beiden Stücke ineinander und stanze ca. 2–3 cm vom Ende des Schlauchstückes ein 10 mm starkes Loch mit dem Schlageisen. Dann wird die Aluminium- oder Messingmuffe in der Mitte ein wenig angekörnt, das verhindert ein Verrutschen der Stäbe. Nun wird die Muffe bis zur angekörnten Mitte in das vorbereitete Schlauchstück geschoben.

2. Die zweite Möglichkeit funktioniert im Prinzip wie die erste. Die zwei PE-Schlauchstücke sind ca. 5 cm lang. 1,5 cm von jedem Ende des Stückes um 90° versetzt sind jeweils zwei Löcher, 10 mm ∅ und 7 mm ∅ für Muffe und Kielstab, zu stanzen.

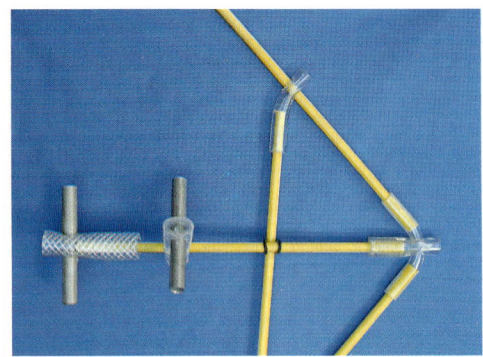

3. Eine weitere schnelle Methode einer Kreuzverbindung läßt sich mit einem Dichtungsring oder O-Ring aus Gummi herstellen. Man lege den Gerüststab auf den Gummiring in Höhe des gewünschten Kreuzes. Die beiden überstehenden Hälften des Gummiringes werden nach oben geklappt und der zweite Gerüststab wird durchgeschoben.

4. Herstellung eines Kopfstückes gleich dem Prinzip wie Nr. 1: Man nehme zwei ca. 6 cm lange PE-Schlauchstükke mit den Durchmessern zum Beispiel innen 12 mm, außen 11 mm und stanze ca. 2 cm vom Ende des Schlauchstückes ein Loch mit 10 mm Durchmesser. In das gestanzte Loch wird ein 10 cm langes PE-Schlauchstück, Außendurchmesser 11 mm, Innendurchmesser 7 mm, bis zur Mitte eingeschoben; dort werden später die Seitenstäbe eingeführt (siehe Bild zu Punkt 3).

5. Herstellung einer Seitenverbindung: Man stanze ca. 1,5 cm vom Ende eines ungefähr 6 cm langen PE-Schlauchstückes ein Loch von 7 mm Durchmesser. Durch das Loch verläuft später der Seitenstab.

Waagen- und Lenkschnüre

Besonders beim Lenkdrachen kommt es auf die richtige Schnur an, wenn man eine optimale Flugleistung erreichen will. Die Schnur sollte im Querschnitt und in der Reißfestigkeit auf den einzelnen Lenkdrachen abgestimmt sein. Wobei durch Windböen entstehende große Kräfte mit berücksichtigt werden müssen.

Kurz- oder enggeflochtene Polyesterschnur, auch Dacronschnur genannt, hat ein dichtes Geflecht und dadurch eine recht glatte Oberfläche. Wegen ihrer somit gewährleisteten großen Abriebfestigkeit ist sie bestens geeignet als Waagenschnur. Sie hat einen relativ großen Dehnungsfaktor von 8–14% auf 100 Meter, den der Lenkdrachen aber nutzt, um sich im nachhinein selbsttätig einzustellen.

Dacronschnur kann auch als Lenkschnur benutzt werden. Wegen ihrer hohen Dehnungsfähigkeit muß man allerdings große Lenkbewegungen in Kauf nehmen. Von Vorteil ist, wenn Dacronschnur silikonisiert ist. Dies läßt ein besseres Gleiten zu, wenn die Schnur gegeneinander gekreuzt wird.

Kevlarschnur® oder *Twaronschnur®,* beide sind sehr leicht und bestehen aus Aramidfasern. Im Gegensatz zu ihrer Reißfestigkeit haben sie einen kleinen Querschnitt, zum Beispiel 1 mm $\varnothing$ = 110 kp, das bedeutet geringen Luftwiderstand und Schnelligkeit. Der Dehnungsfaktor beläuft sich auf ca. 3–4% auf 100 Meter, was die Steuerung sehr direkt macht. Ein weiterer Vorteil ist der hohe Schmelzpunkt, der die Schnur beim Gegeneinanderkreuzen relativ verschleißfrei macht, auch wenn sie im Flug mit anderen Schnüren in Berührung kommt.

Kevlar®- oder Twaronschnur® ist UV-lichtempfindlich und sollte über einen längeren Zeitraum nicht direktem Sonnenlicht ausgesetzt sein. Ein regelmäßiges Wachsen mit Bienen- oder Skiwachs erhöht die Lebensdauer und läßt die Schnur besser übereinandergleiten beim Kreuzen.

Dyneemaschnur, auch Spectra oder Spiderline genannt, besteht aus langgezogenen Polyestermolekülen. Sie ist so leicht, daß sie auf Wasser schwimmt und sich nur geringfügig dehnt, ca. 2–3%. Bei einem Querschnitt von 1,5 mm besitzt sie eine Reißfestigkeit von 195 kp und ist UV-lichtunempfindlich. Dyneemaschnur besitzt eine sehr glatte Oberfläche und muß nicht gewachst werden. Ihr Nachteil liegt im niedrigen Schmelzpunkt, der der Schnur beim Kreuzen mit sich selbst allerdings wegen ihrer glatten Oberfläche nichts ausmacht.

Vorsicht ist nur geboten, wenn sie beim Fliegen mit anderen Schnüren in Berührung kommt. Die dabei entstehende Reibungshitze wird die Schnur durchschmelzen wie Butter.

Vorsicht!
Bei der Handhabung der Lenkschnüre immer Handschuhe tragen.

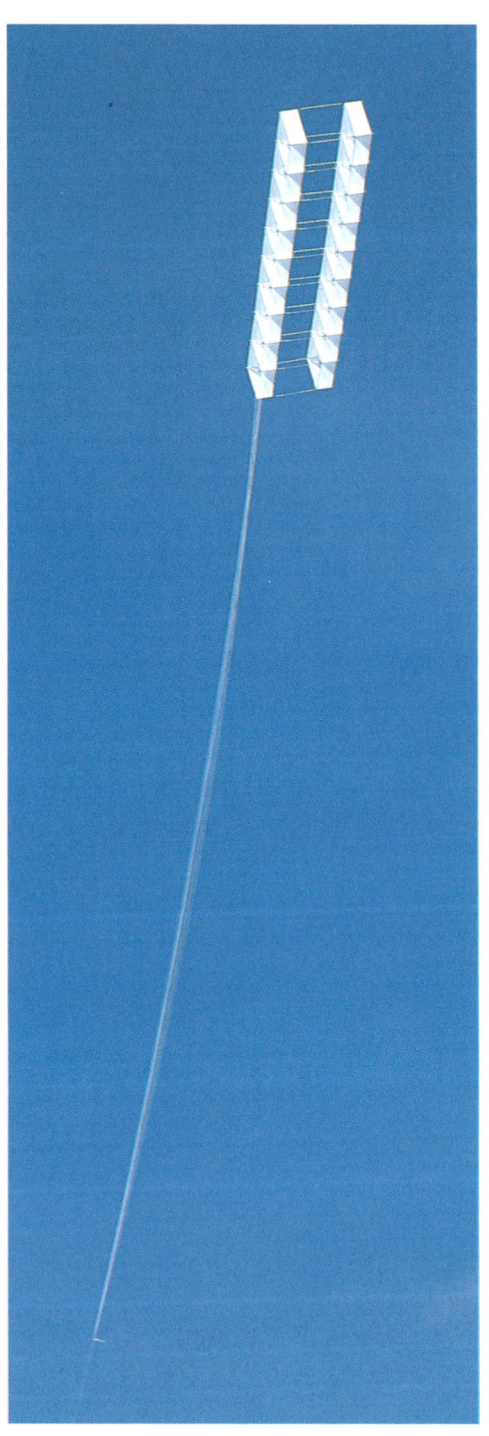

Knoten und Spleißen

Nun ein paar wichtige Knoten, ohne die der Lenkdrachenbau nicht auskommt (siehe Bild).
- *Buchte:* dient zum Befestigen von Waagenringen, Karabinerhaken und Wirbelkarabinern.

- *Schlaufe:* ist geeignet zur Verbindung von zwei und mehr Drachen mittels einer Buchte oder zum Befestigen von Ringen, Wirbelkarabinern, Waagenringen usw.

- *Rundtörn* mit zwei halben Schlägen: eignet sich besonders zum Befestigen von Waagenschnüren oder Spannschnüren am Drachengerüst.

Spleißen von hohlgeflochtenen Schnüren bedeutet, eine knotenlose Schlaufe oder eine knotenlose Verbindung zweier Schnüre herzustellen. Mit Knoten in der Schnur wird die Reißfestigkeit erheblich vermindert. Bei Polyesterschnur tritt um 40%, bei Kevlar®- bzw Twaron®-schnur sogar bis zu 70% Verlust der Reißfestigkeit auf.

Zum Verbinden von Kevlarschnur® mit einer Schlaufe an Ringen, Wirbeln oder Karabinern usw. empfiehlt es sich, vorher ein Stück dickere Dacronschnur über die Kevlarschnur® zu ziehen; das erhöht die Abriebfestigkeit.

Spleißen von Schlaufen

Die Schnur 30 cm vom Ende mit beiden Händen stauchen. Dann an der gestauchten Stelle die Spleißnadel mit aufgeklappter Spitze einführen.

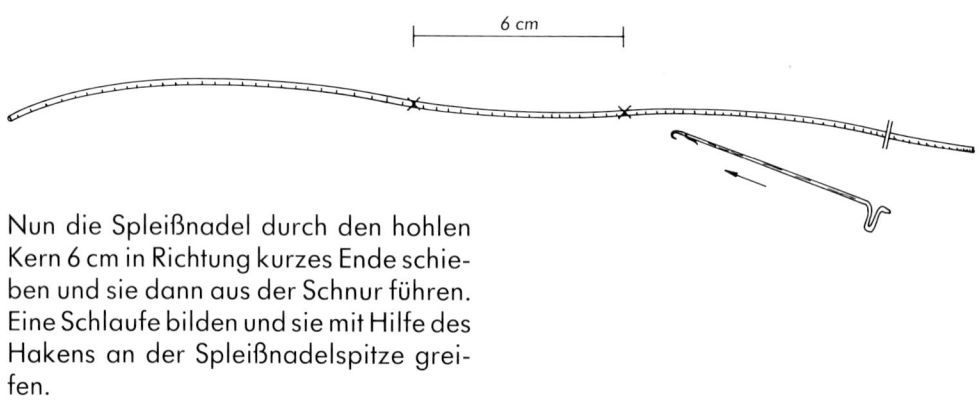

Nun die Spleißnadel durch den hohlen Kern 6 cm in Richtung kurzes Ende schieben und sie dann aus der Schnur führen. Eine Schlaufe bilden und sie mit Hilfe des Hakens an der Spleißnadelspitze greifen.

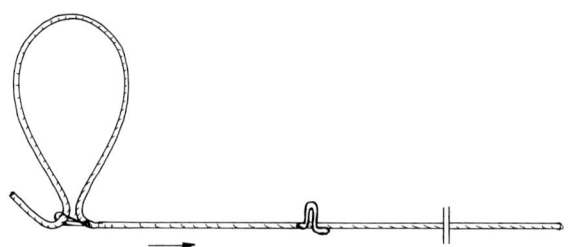

Das kurze Ende durch die Schnur zurückziehen, aufpassen, daß die Schlaufe nicht mit durchgezogen wird. Nun zieht sich die Schnur bei Belastung in sich fest, die Schlaufe kann nicht mehr aufgehen. Um ein Aufgehen der Schlaufe absolut zu verhindern, empfiehlt es sich, am herausgezogenen Schnurende noch einen Achtknoten zu legen.

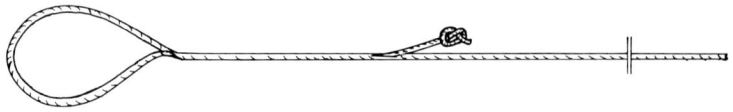

Schlaufenschutz

Ein ca. 5 cm langes Stück einer ca. 4 mm starken enggeflochtenen Polyesterschnur abschneiden und die Enden mit einem Feuerzeug verschmelzen. Aufpassen, daß die Enden nicht zuschmelzen. Dann die Spleißnadel durch den hohlen Kern der Schutzschnur führen. Mit dem Haken an der Spleißnadelspitze die Schlaufe der zu schützenden Schnur aufnehmen und sie durch die Schutzschnur ziehen.

Wird die Schlaufe um einen Ring, Wirbelkarabiner usw. geschlauft, dann die Schutzschnur so weit nach vorne schieben, daß die zu schützende Schnur mit dem Wirbelkarabiner und die Schlaufe selbst auf der Schutzschnur zu liegen kommt. Nun noch die Schlaufe festziehen.

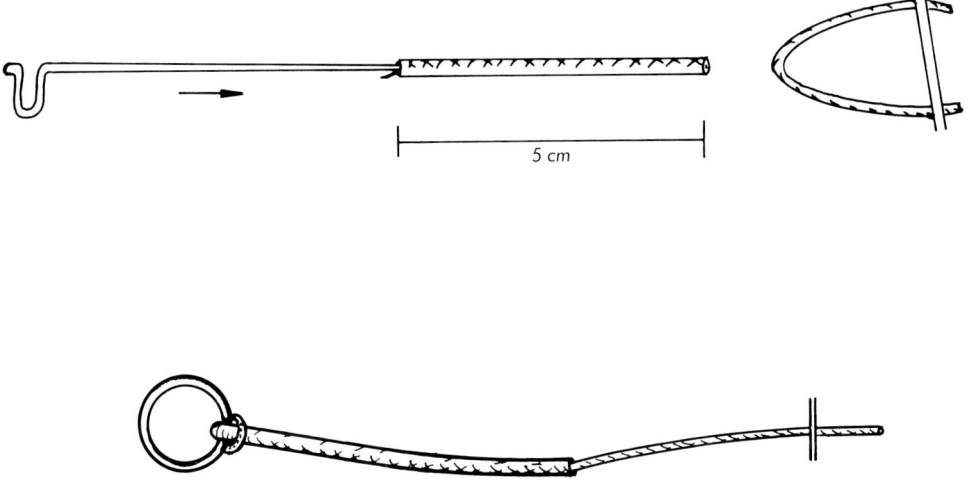

5 cm

Verbinden von zwei Schnüren

Die Schnur ca. 15 cm vom Ende stauchen und an dieser Stelle die Spleißnadel einführen. Diese ca. 5 cm durch den hohlen Kern in Richtung kurzes Ende schieben. Nach den 5 cm mit der Spleißnadelspitze aus der Schnur herauskommen und mit dem Haken die zweite Schnur greifen.

Nun die zweite Schnur durch die erste ziehen und an den jeweiligen kurzen Enden zur Sicherung einen Achtknoten knüpfen. Bei Belastung ziehen sich die beiden Schnüre in sich fest.

Flug und Steuerung

Der eigentliche Flug des Lenkdrachens basiert wie bei jedem anderen Drachen auf dem Zusammenspiel von Preßdruck auf die Drachenfläche und erzeugtem Unterdruck mittels Luftströmung an der Rückseite des Drachens (Sogwirkung). Der so entstehende Auftrieb läßt den Lenkdrachen steigen und wirkt bei Lenkmanövern auch in der horizontalen Ebene.

Diese Waage eines Lenkdrachens muß so eingestellt sein, daß er hart zum Wind steht, das heißt, der Anstellwinkel der Waage ist größer als zum Beispiel bei einleinigen Drachen. Das bedeutet, daß Preßdruck und Luftwiderstand in Bodennähe am größten sind und der Lenkdrachen am schnellsten fliegt. Je höher der Lenkdrachen steigt, desto geringer wird der Luftwiderstand, bis er am höchsten Punkt stillsteht und praktisch nur noch auf dem Wind liegt.

Jeder einleinige Drachen würde bei so einem Waagenanstellwinkel wegen seines zu hohen Preßdruckes und damit verbundener fehlender Richtungsstabilität nach links oder rechts ausbrechen. Nicht der Lenkdrachen, ein unkontrolliertes Ausbrechen wird mittels Regulation durch die links und rechts am Lenkdrachen befestigten Steuerschnüre ausgeglichen.

Ein Anziehen oder Nachgeben einer der beiden Steuerschnüre bewirkt eine Druckverlagerung. Der Lenkdrachen bricht nach der jeweilig angezogenen Seite aus und fängt an, kontrollierte kreisförmige Bewegungen zu machen.

Damit ein Aktionsradius von bis zu 180 Grad erreicht werden kann, darf das Drachensegel nicht so stark gespannt sein, das heißt, es muß sich bauchig auswölben, sonst geht die Richtungsstabilität verloren. So ist es dann auch möglich, bis zu einem gewissen Grad gegen den Wind zu kreuzen. Sein bestes Flug- und Steuerverhalten entwickelt ein Lenkdrachen erst bei höheren Windgeschwindigkeiten von ca. 4–5 Bft.

Womit wird gesteuert?

Wie ein Fahrrad braucht der Lenkdrachen zum kontrollierten Fliegen und Steuern einen „Lenker". Es gibt zwei unterschiedliche Methoden der Steuerung, zum einen der direkte und zum anderen der indirekte Steuervorgang.

Direkte Steuerung bedeutet unmittelbaren Kontakt zu haben von den Händen über die Schnur zum Lenkdrachen. Dieser direkte Kontakt hat den Vorteil, daß man ein besonders gutes Gefühl für sicheres und genaues Fliegen, zum Beispiel von Figuren, bekommt. Am besten geeignet für genaues Fliegen sind Lenkschlaufen aus weichem Schlauchgurtband (siehe Bild). Sie werden um das Handgelenk herumgelegt. Die Hand wird dadurch stark entlastet, weil ein zwingendes Festhalten wegfällt.

Weitere Haltemöglichkeiten für eine direkte Steuerung sind Lenkspulen oder Lenkgriffe (siehe Bild). Schnüre, die mit Lenkschlaufen verbunden sind, werden am besten mit einer einfachen Haspel aufgewickelt, und zwar so, daß die beiden Schnüre von außen nach innen auf die Haspel laufen (siehe Bild).

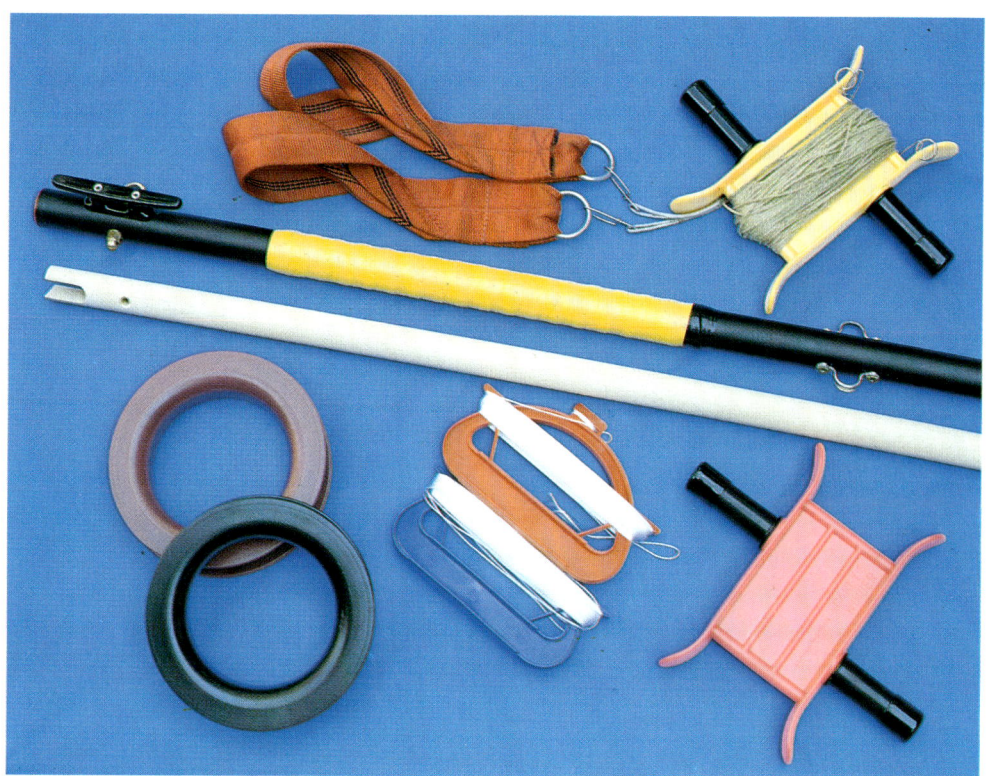

Indirekte Steuerung bedeutet, daß die Steuerschnüre mit den Händen über eine Lenkstange betätigt werden. Speziell werden Lenkstangen eingesetzt bei großen Lenkdrachen und Gespannen von mehreren Lenkdrachen hintereinander. Die enorme Zugkraft, die bei starkem oder böigem Wind entsteht, ist nicht zu unterschätzen. Um dieser Zugkraft direkt zu entgehen, befestigt man seine Lenkstange am besten an einem umgelegten Hüftgurt.

Lenkdrachenprofis verankern sich sogar mit dem Hüftgurt und einem Seil am Boden oder an festen Gegenständen, um nicht mit wegzufliegen. Es ist schon vorgekommen, daß der Lenkdrachenpilot von mehreren Leuten festgehalten werden mußte. Wieder andere nutzen die große Zugkraft und rutschen mit ihrem Lenkdrachen kilometerweit auf Schuhsohlen an Stränden entlang. Mit Erfahrung, Übung und dem richtigen Wind lassen sich mit dem Lenkdrachen sogar kontrollierte Weitsprünge unternehmen. Damit eine Lenkstange das alles aushält, sollte sie aus stabilem Rundmaterial bestehen, zum Beispiel aus dickwandigem Aluminiumrohr, rostfreiem Stahlrohr oder Raminrundholz. Die Länge der Stange ist variabel; je nach Drachenmodell ab ca. 70 cm bis 150 cm, mit einem Durchmesser von 2,5 cm bis 3 cm.

An dieser Stelle sei nochmals gesagt, daß bei knappen Flügen über den Boden sich keine Personen oder Tiere im Aktionsradius von 180 Grad aufhalten dürfen. Die Verletzungsgefahr durch Lenkschnüre und Lenkdrachen ist doch erheblich. Sportlenkdrachen sind keine Kinderdrachen, daran sollte man immer denken.

Lenkdrachenschwänze

Sie haben, im Gegensatz zum einleinigen Drachen, keinen stabilisierenden Einfluß auf das Flugverhalten. Der Lenkdrachenflug wird eher ein wenig gebremst durch den zusätzlichen Luftwiderstand des Schwanzes. Zwischen 10 und 20 Meter lange Spinnaker- oder Schlauchschwänze aus PVC untermalen den Lenkdrachenflug allerdings optisch reizvoll und finden immer staunende Blicke bei den Zuschauern. Damit ein Schlauchschwanz sich im Flug aufbläht, muß er offen an der Vorderseite des Lenkdrachens befestigt werden.

Gespannflug

Der Leitdrachen in einem Gespann ist immer der stabilste, da er die ganze Zugkraft der Ergänzungsdrachen auffängt. Die Waagen- und Steuerschnüre müssen entsprechend der Anzahl von Ergänzungsdrachen in ihrer Reißfestigkeit angepaßt werden.
Die Länge der Verbindungsschnüre zwischen den einzelnen Ergänzungsdrachen richtet sich nach dem Drachentyp und eigenen Erfahrungswerten. Allgemein liegt die Länge zwischen 50 cm und 200 cm. Befestigt wird der oder werden die Ergänzungsdrachen an der Rückseite des Leitdrachens an seinen jeweiligen Waagenpunkten.

Lenkdrachenmeisterschaften

Lenkdrachenmeisterschaften kommen aus den USA und finden dort schon seit einigen Jahren statt. Seit 1986 werden vom Drachenclub Deutschland (DCD) in Zusammenarbeit mit anderen Clubs deutsche Lenkdrachenmeisterschaften ausgerichtet. Bisher immer mit großer Beteiligung, auch wenn der Wind manchmal auf sich warten ließ.
Der Wettbewerb unterteilt sich in ein Pflicht- und ein Kürprogramm. Das Pflichtprogramm ist internationalen Maßstäben angepaßt und beinhaltet fünf vorgegebene und eine weitere Pflichtfigur, die erst kurz vorher bekanntgegeben wird (siehe Zeichnung auf Seite 61).
Danach kommt eine zwei- bis dreiminütige Kür mit einem eigenen Programm. Die Kür wird meist nach Musik (Walkman) geflogen und sollte einen ersichtlichen Anfang und ein dementsprechendes Ende haben.

Bauanleitungen

Die im Buch beschriebenen und gebauten Lenkdrachen können im Verhältnis vergrößert oder verkleinert werden. Bei entsprechender Veränderung müssen Stäbe und Schnüre mit berücksichtigt werden.

Es ist ratsam, vor Baubeginn die Anleitungen genau durchzulesen. Zur besseren Orientierung sind die zum Bauen wichtigen Zeichen und Hilfslinien im Anschluß erklärt.

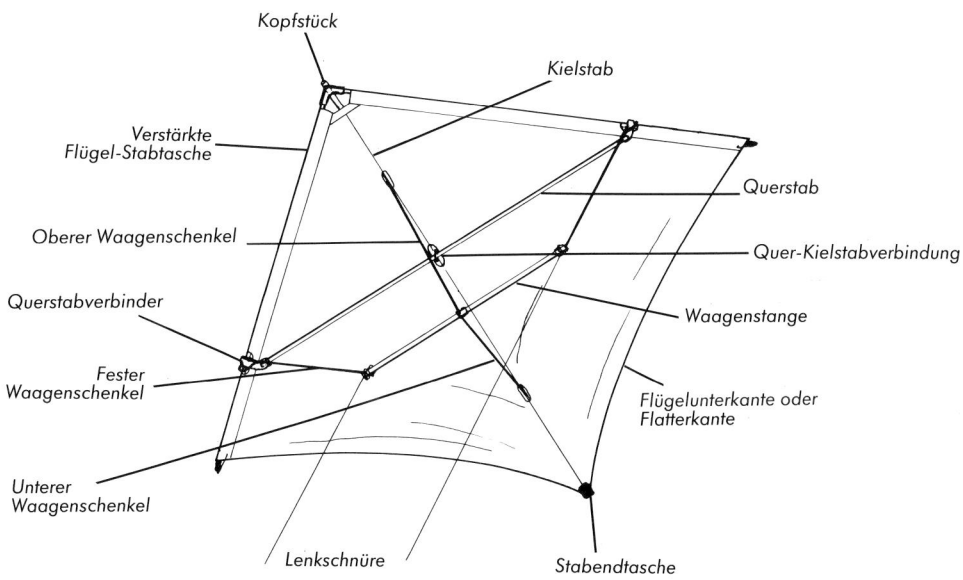

Kopfstück
Kielstab
Verstärkte Flügel-Stabtasche
Querstab
Oberer Waagenschenkel
Quer-Kielstabverbindung
Querstabverbinder
Waagenstange
Fester Waagenschenkel
Flügelunterkante oder Flatterkante
Unterer Waagenschenkel
Lenkschnüre
Stabendtasche

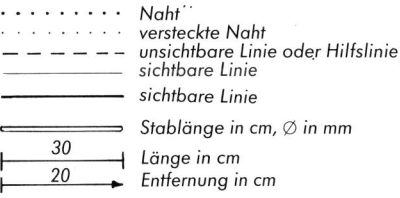

· · · · · · · · Naht
· · · · · · · · · · versteckte Naht
— — — — — — unsichtbare Linie oder Hilfslinie
——————— sichtbare Linie

Stablänge in cm, Ø in mm

30 Länge in cm
20 Entfernung in cm

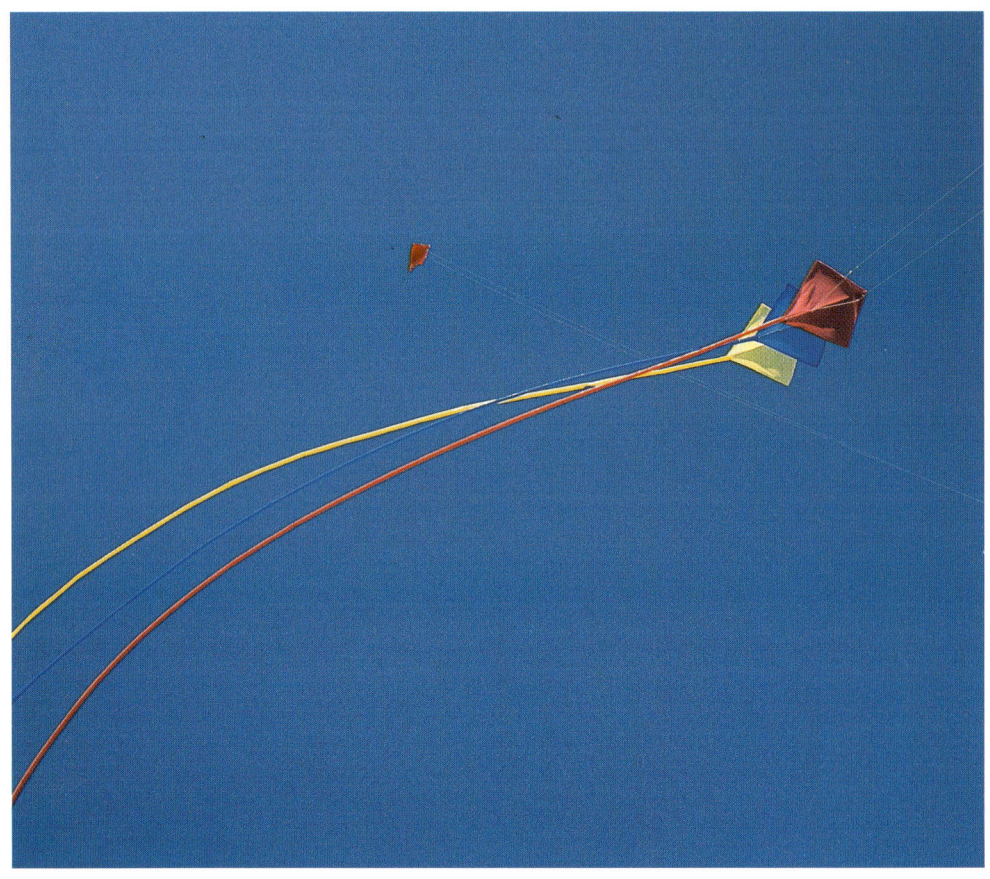

Stunter

Seinen Ursprung findet der Stunter im asiatischen Kampfdrachen; aus ihm ist nach langer Entwicklung ein kleiner, leistungsfähiger Lenkdrachen geworden. Er ist bestens geeignet für jeden Anfänger und Einsteiger, egal wie alt sie sind, und begeistert beim Steuern mit seinen Kapriolen.

Ein 10–15 Meter langer Schlauchschwanz aus PVC, den der Stunter bei Loopings spiralförmig hinter sich herzieht, ist im Flug eine wahre Augenweide. Besonders im Gespann von mehreren Drachen ist es optisch reizvoll, wenn die langen Schlauchschwänze ihre Bilder in den Himmel zeichnen. Auf Drachenfesten werden zur Attraktion manchmal 50 oder noch mehr Stunter in einer Gespannkette geflogen. Ab einer Windstärke von 3–4 Bft. wird der Stunter lebhaft. Dann fängt sein Querstab durch den Winddruck an, sich zu krümmen, und er bekommt seinen flugstabilisierenden Flächenwinkel. Empfohlene Schnurstärke bei Einzeldrachen 15 kp, im Gespann bis zu drei Drachen 50 kp.

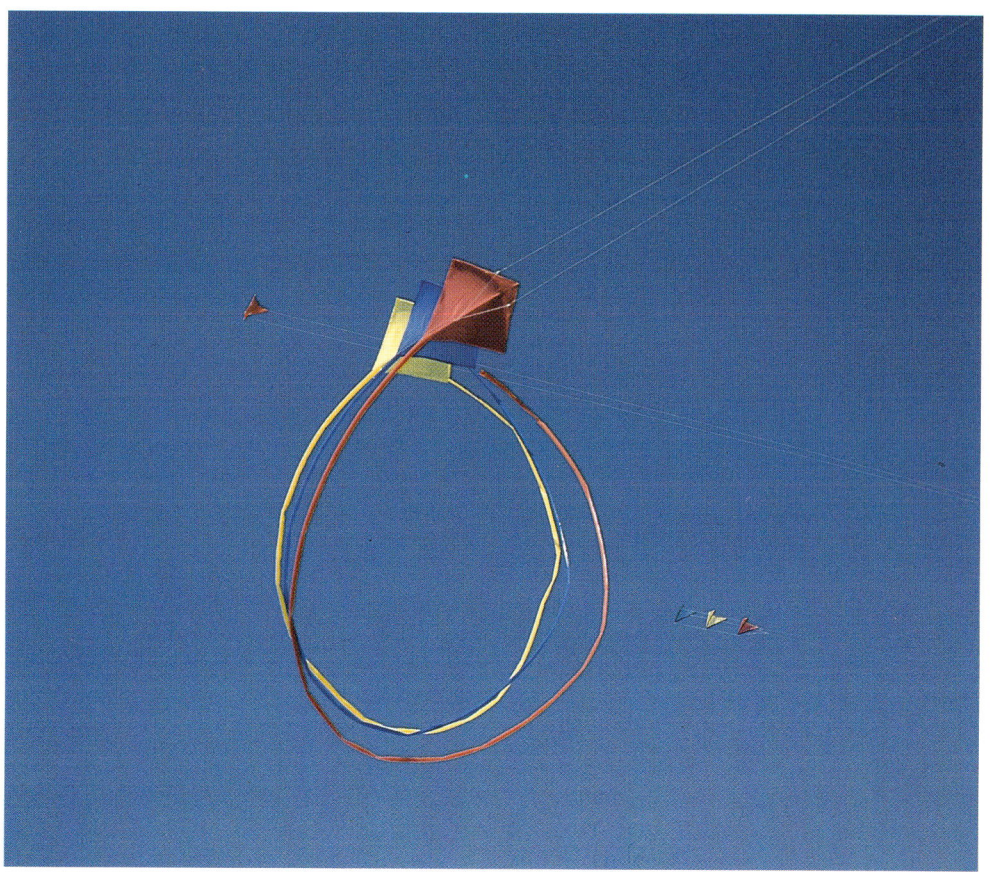

Baumaterial

- *2 GFK-Stäbe:* Längsstab ca. 83 cm lang, 3 mm ⌀; im Gespannflug 4 mm ⌀, Querstab ca. 86 cm lang, 3 mm ⌀;
- *Spinnakernylon:* 100 cm breit und 70 cm lang;
- *Dacronstreifen:* 7 cm breit und 40 cm lang;
- *6 PE-Schlauchstücke:* 0,5 cm lang, 3 mm Innendurchmesser;
- *4 Stabendkappen,* passend für die GFK-Stäbe;
- *2 Aluminiumwaagenringe;*
- *Waagenschnur:* 15 kp-Dacronschnur, 40–50 kp bei bis zu drei Drachen im Gespann. 1 Schnur 285 cm lang, eng geflochten.

Bauanleitung:

Nach den angegebenen Maßen den Drachen mit allen Hilfslinien, Punkten und 1,5 cm Nahtzugabe auf das Spinnakertuch zeichnen (siehe Zeichnung 1). Dann den Dacronstreifen zur Verstärkung der einzelnen Ecken und Waagendurchführungen mit einem Lötkolben entsprechend zurechtschneiden (siehe Zeichnung 3). Im Anschluß die Dacronteile auf der Rückseite des Drachens an die gestrichelte Hilfslinie der jeweiligen Ecken anlegen und festnähen (siehe Zeichnung 1). Nun den Rand mit einer geschlossenen Umsäumung versehen.

Für die beiden Kielstabtaschen zwei je 6 cm lange und 2 cm breite Dacronstreifen an der gestrichelten Linie falzen (siehe Zeichnung 3) und festnähen (siehe Zeichnung 1). Jetzt die beiden Dacronteile für die Seitenstabtaschen an der gestrichelten Linie falzen (siehe Zeichnung 3). Das aufgeklappte Dacronseitenteil mit dem Falz an die obere Seitenkante des Drachens anlegen und ringsherum festnähen. Dann das festgenähte Dacronteil am Falz zusammenklappen und an der unteren Seitenkante des Drachens mit einer knappen Naht verschließen (siehe Zeichnung 1).

Für Waagenschnüre und Schwanzbefestigung mit dem Lötkolben Löcher mit 5 mm Ø in das Segel einschmelzen. Zur besseren Fixierung der Waagenschnüre die PE-Schlauchstücke, je zwei Stück im Abstand von ca. 5 mm zueinander links und rechts auf den Querstab und zwei Stück auf den Kielstab schieben und verkleben. Dann den Kielstab einpassen und mit Stabendkappen versehen. Der Querstab ist so einzupassen, daß er in einem Bogen zwischen Segel und Kielstab über den zwei oberen Waagenpunkten verläuft. An den jeweiligen Enden der Waagenschnur eine ca. 5 cm lange Schlaufe knoten und im Anschluß die Mitte der Waagenschnur ermitteln. Genau in der Mitte dann eine dritte Schlaufe von ca. 5 cm knoten und von vorne in das Loch für den unteren Waagenpunkt einführen. Die Schlaufe am Kielstab um die beiden PE-Schlauchstücke legen und mit einer Buchte befestigen. Die beiden anderen Schlaufen werden auf die gleiche Weise am Querstab befestigt. Für die Befestigung den Querstab entnehmen und die Buchte darüberziehen. Mit einer Buchte werden jetzt die Waagenringe befestigt, und zwar so, daß die oberen Waagenschenkel eine Länge von 60 cm und die unteren von 70 cm haben (siehe Zeichnung 2).

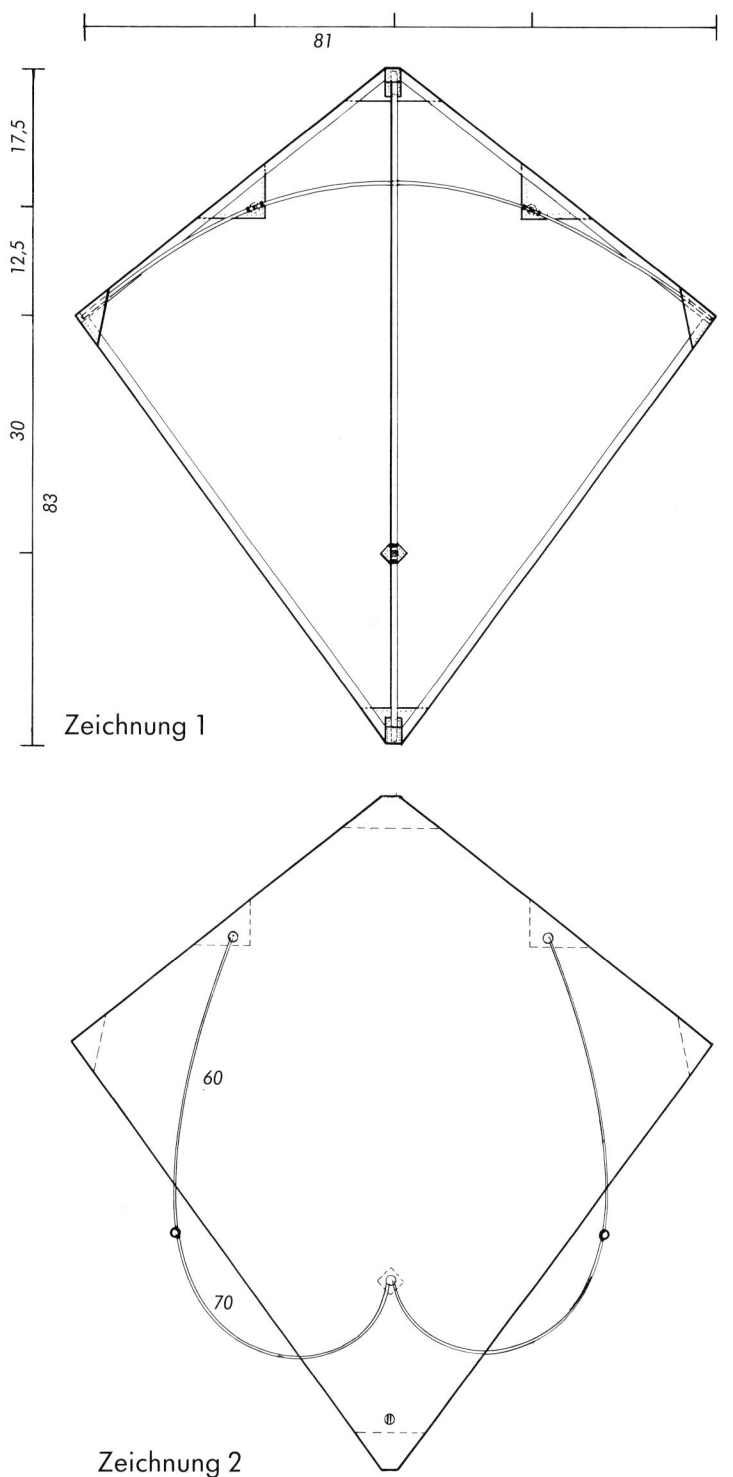

81

17,5

12,5

30

83

Zeichnung 1

60

70

Zeichnung 2

Zeichnung 3

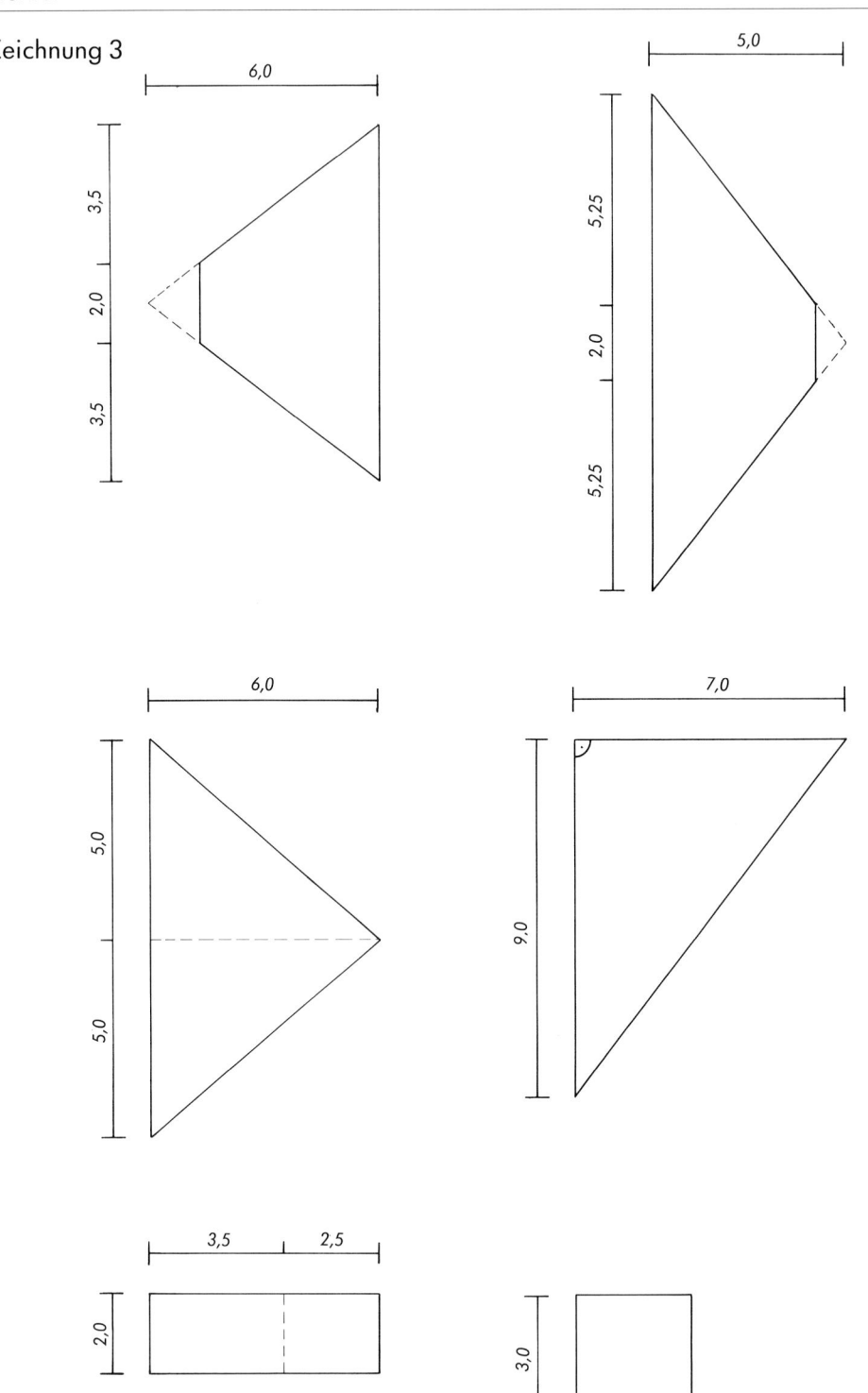

Lenkdelta

Wie die meisten Lenkdrachen basiert auch der Lenkdelta auf dem Prinzip von Rogallos flexiblen Tragflächen. Er ist äußerst schnell, wendig, robust und entwickelt vor allem in einem Gespann von bis zu drei Drachen eine gewaltige Zugkraft.

Vorsicht, der Lenkdelta gehört in dieser Größe nicht mehr zu den Drachen, die von Kindern unter 15 Jahren geflogen werden sollten. Er fliegt ab einer Windstärke von 3 Bft., entwickelt allerdings sein ganzes Können ab 5 Bft. Die Lenkschnüre sollten 50 kp aushalten, im Gespann bis drei Drachen 100 kp.

Baumaterial

- *4 Glasfilament- oder Epoxitstäbe:* à 82,5 cm lang, 7,51 mm ⌀;
- *Spinnakernylon:* ca. 150 cm × 100 cm;
- *Spinnakernylon, 65 g:* 90 cm × 8 cm (man kann auch Dacron verwenden);
- *Dacronstreifen:* 100 cm × 3 cm;
- *GFK-Vollstab:* 52 cm lang, 7 mm ⌀;
- *Gurtband:* 8 cm lang, 30 mm breit;
- *PE-Schlauch:* 35 cm lang, 7 mm × 11 mm ⌀ und 8 cm lang, 11 mm × 15 mm ⌀;
- *1 Gummi-O-Ring:* 10 mm ⌀;
- *Gummischnur:* ca. 50 cm lang, 3 mm ⌀;
- *2 Pfeilnocken* mit Einsätzen, entsprechend für die Stäbe;
- *3 Aluminiumwaagenringe;*
- *Waagenschnur:* 50-kp-Schnur, 375 cm lang bis zu 3 Drachen 100-kp-Schnur.

Bauanleitung:

Alle Maße der Zeichnung 2 auf einen Karton übertragen und die Nahtzugabe von 1,5 cm an den Stellen dazugeben, wo es in der Zeichnung angegeben ist. Dann mit einem Lötkolben die beiden äußeren Flügelteile (Teil 2) ausschneiden und mit den Hilfslinien versehen. Nach dem Ausschneiden des mittleren Flügelteils (Teil 1), gleich den Dacronstreifen von 3 cm × 100 cm mit einem Klebestift für die Kielstabauflage in der Mitte des Segels fixieren. Jetzt Teil 2 mit der Vorderseite auf die Vorderseite von Teil 1 legen und entlang der gezogenen Hilfslinie die beiden Teile zusammennähen. Nach dem Zusammennähen die zwei Segel aufklappen und mit einer geschlossenen oder offenen Kappnaht versehen (siehe Kapitel Nähtechnik). Die gleiche Verarbeitung gilt für die andere Segelhälfte.

Dann die Unterkante des Segels mit einem geschlossenen Saum umnähen. Im Anschluß den Dacronstreifen für die Kielstabauflage festnähen. Den restlichen Dacronstreifen in der Mitte der Länge nach falzen, über die Kante an der Drachenspitze legen und vernähen (siehe Zeichnung 3). Zwei 4 cm breite und 90 cm lange Streifen aus dem 65-g-Spinnaker mit dem Lötkolben schneiden. In der Mitte der Länge nach falzen und über die jeweiligen Außenkanten des Drachensegels legen und festnähen (siehe Zeichnung 3).

Nun das 8 cm lange Gurtband in der Mitte falzen und um das Ende legen (dient als untere Kielstabtasche), darauf achten, daß das Gurtband bündig mit den beiden Segelhälften liegt (siehe Zeichnung 1). Jetzt am unteren Ende der beiden Seitenstabtaschen jeweils ein Loch (Abstand ca. 2 cm zum Ende) für die Spanngummis der Seitenstäbe ein-

schmelzen und die Gummis befestigen (siehe Zeichnung 1). Dann zur Verbindung zwischen Kiel- und Querstab ein längliches Loch schmelzen sowie die beiden Löcher für die Waagenbefestigung einbrennen (siehe Zeichnung 1). Im Anschluß werden entsprechend große Löcher (3 cm ∅) für die PE-Schlauchseitenteile heiß ausgeschnitten.

Die Löcher für die Seitenteile haben die Angewohnheit, nach dem Ausschneiden zusammenzukleben, sie öffnen sich recht leicht, wenn man sie gegeneinander reibt oder den Seitenstab durchstößt. Nun das Kopfstück und die Seitenteile aus PE-Schlauch anfertigen (siehe Kapitel Verbindungen). Dann die beiden Seitenstäbe jeweils mit den Pfeilnocken plus Einsatz versehen. Im Anschluß die Stäbe einführen, darauf achten, daß die PE-Schlauchseitenteile mit eingeschoben werden, ebenso der Gummi-O-Ring zur Befestigung des Querstabes. Jetzt den Querstab auf der Vorderseite des Drachens durch den O-Ring schieben und in die PE-Schlauchseitenteile stecken.

Für die festen Waagenschnüre, die links und rechts am Drachen befestigt werden, 2 × 100 cm Schnur und für die mittlere Waage, die am Kielstab befestigt wird, 175 cm Schnur abschneiden. Die beiden seitlichen Waagenschnüre werden jeweils an beiden Enden mit einer

Zeichnung 1

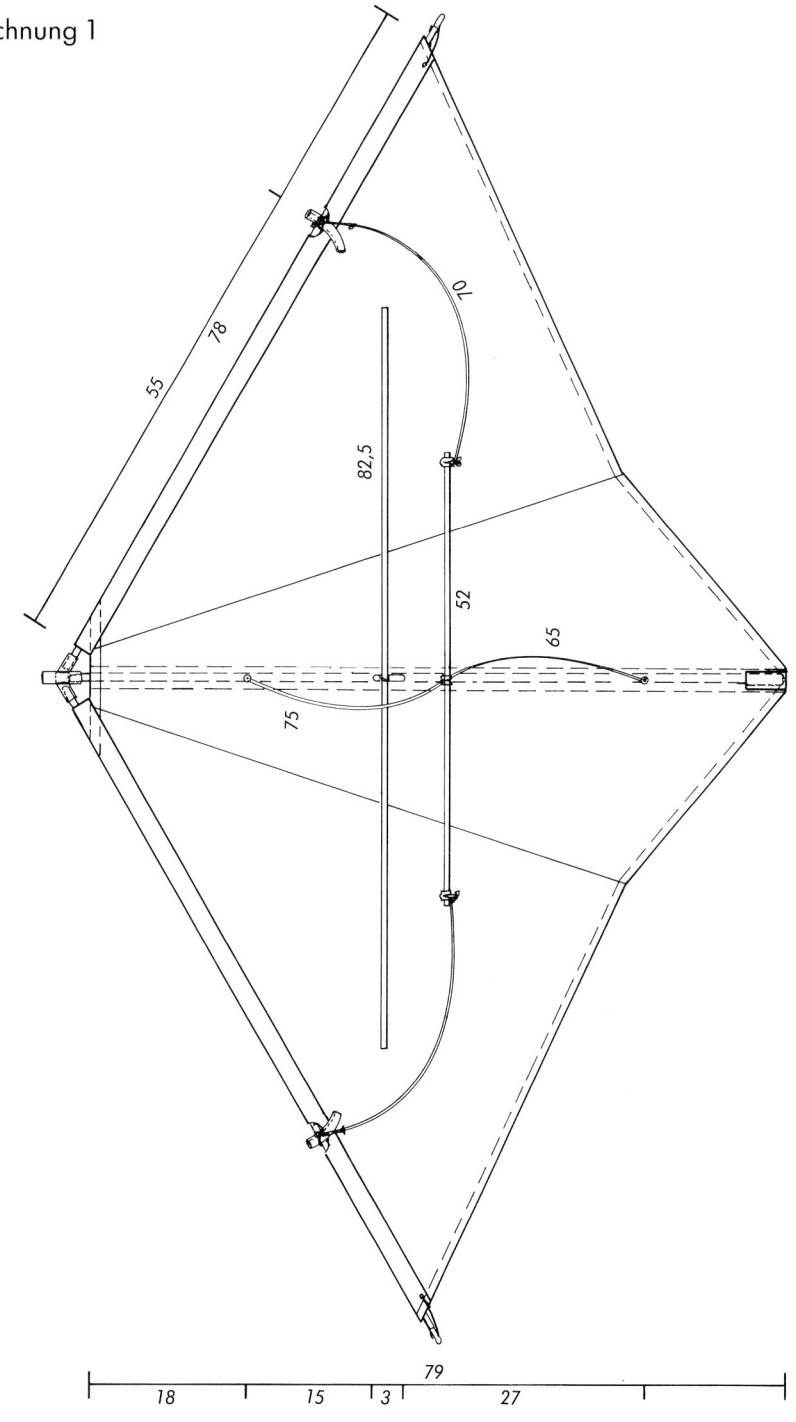

Schlaufe versehen und dann mit einer Buchte an dem PE-Schlauchseitenteil befestigt. Am Kielstab werden die Waagenschnüre mit einem Rundtörn mit zwei halben Schlägen und Abschlußknoten verbunden. Die Waagenschnüre müssen nach dem Verbinden die Länge wie in Zeichnung 1 angegeben aufweisen. Jetzt die drei Aluminiumwaagenringe jeweils mit einer Buchte an den Waagenschnüren befestigen (siehe Zeichnung 1).
Um die Aluminiumwaagenringe an der 52 cm langen GFK-Waagenstange festzumachen, schneidet man drei Stücke à 3 cm PE-Schlauch ab, der in der Mitte bis zur Hälfte eingeschnitten wird. Das erste PE-Schlauchstück bis zum Einschnitt auf die Waagenstange schieben und den Aluminiumwaagenring der Kielstabwaage einhängen, den restlichen PE-Schlauch über die Waagenstange bis zur Mitte hinschieben.
Genauso verfährt man mit den Aluminiumwaagenringen der festen seitlichen Waagenschnüre, nur werden sie jeweils am äußeren Ende der Waagenstange plaziert. Die aufgeschobenen PE-Schlauchstücke zum Schluß mit Klebeband oder Klebstoff fixieren.

Zeichnung 2

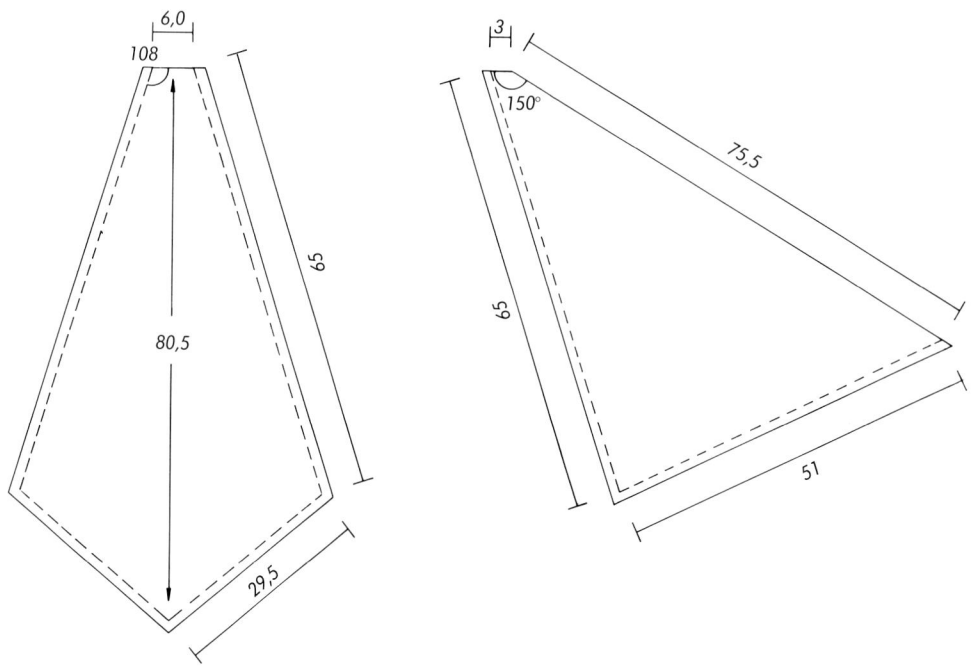

Zeichnung 3

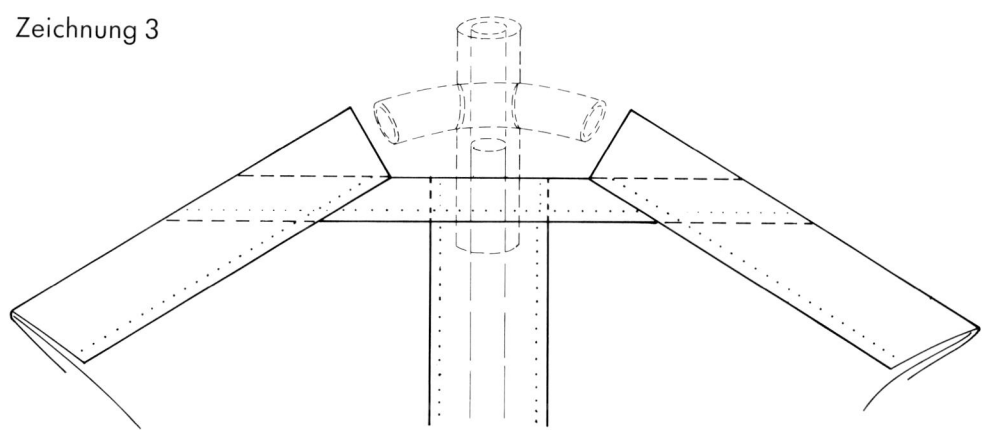

Swing

Auch der Swing basiert, wie die noch fol-
genden zwei Lenkdrachen, auf dem Ro-
galloprinzip. Seine Bauart läßt den
Swing äußerst quirlig im Flug reagieren.
Das heißt, er ist besonders schnell und
kann Kurven so eng fliegen, daß es aus-
sieht, als wäre eine Seite am Himmel
„festgenagelt".
Wird allerdings eine Seite beim Kurven-
oder Loopingfliegen überzogen, kann
es passieren, daß der Swing aus dem
Wind fällt und zu Boden flattert. Mit
2 × 40 Meter langen Lenkschnüren, 60
kp stark, fliegt er ab einer Windstärke
von 3 Bft.

Baumaterial

- 6 Glasfilament- oder Epoxitstäbe:
  à 82,5 cm lang, 8,5 mm ⌀;
- 1 Raminrundholz: 38 cm lang, 8 mm ⌀;
- 1 Aluminiumrohr: 9 cm lang, 9 mm ⌀
  innen;
- 2 Muffen, passend für die
  Glasfilamentstäbe;
- Spinnakernylon: 110 cm × 100 cm;
- Dacronstreifen: 300 cm lang, 7 cm
  breit und 60 cm lang, 4,5 cm breit;
- 2 Dacronstreifen: 10 cm lang, 30 mm
  breit;
- Gurtband: 30 cm lang, 30 mm breit;
- PE-Schlauch: 30 cm lang, 8 mm ⌀ innen und 8 cm lang, 12 mm ⌀ innen;
- Gummischnur: 100 cm lang, 3 mm ⌀;
- 2 Pfeilnocken mit den Einsätzen
  passend für die Glasfilamentstäbe;
- 2 Aluminiumwaagenringe;
- Waagenschnur: 450 cm lang und
  50 kp stark.

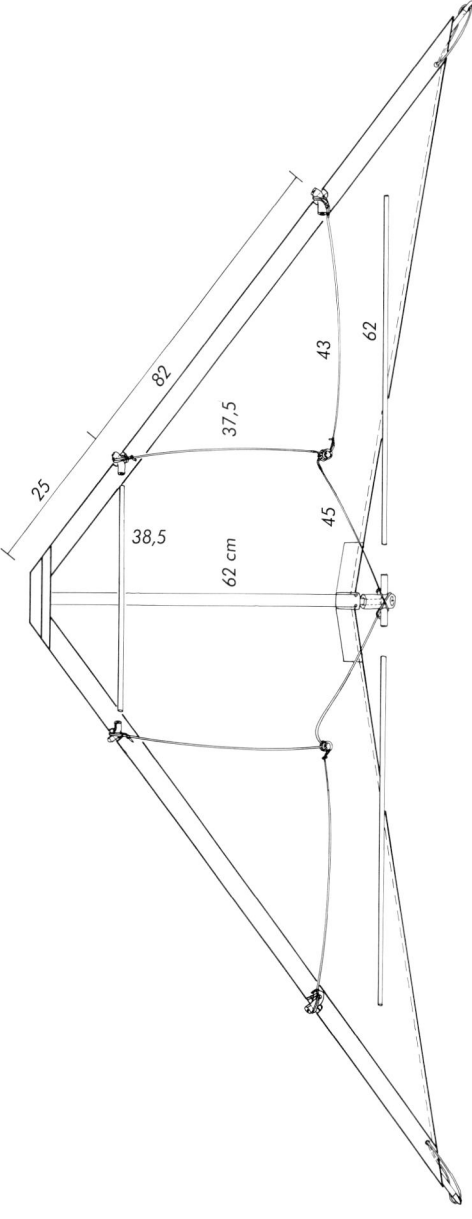

Zeichnung 1

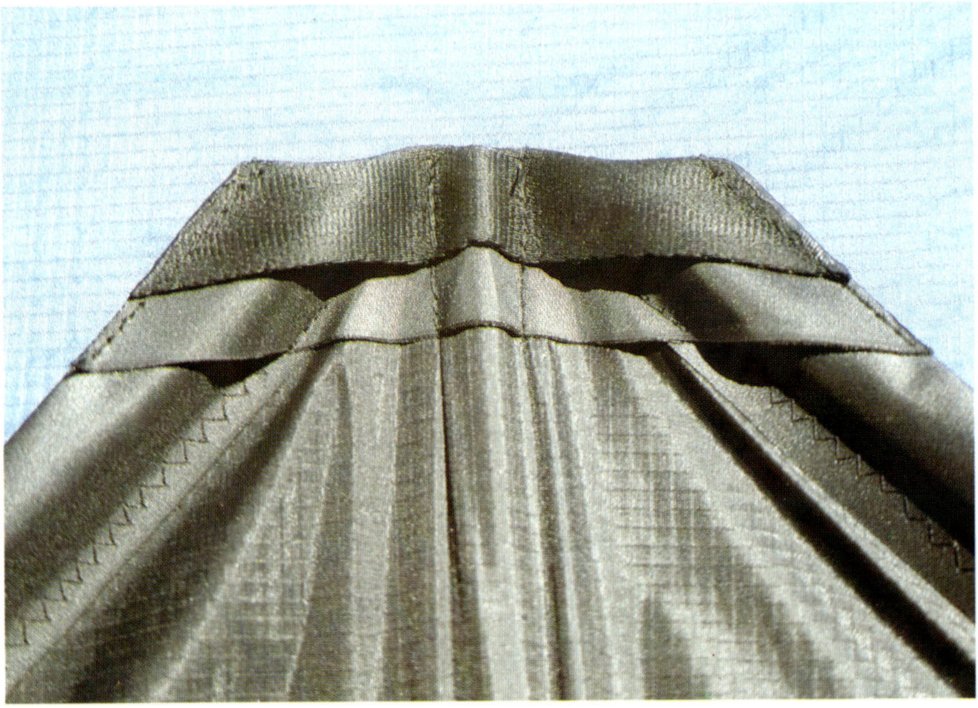

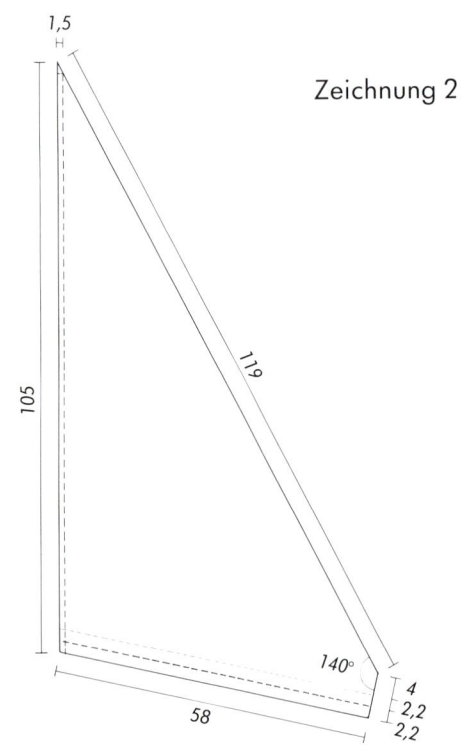

Bauanleitung

Alle Maße und Hilfslinien für die beiden Segelflächen auf das Spinnakernylon übertragen (siehe Zeichnung 2). Darauf achten, daß die eine Segelhälfte an der durchgezogenen Linie und die andere Segelhälfte an der dickgestrichelten Linie geschnitten wird.

Das bedeutet, daß die Segelhälften unterschiedlich groß sind. Die Hilfslinie des größeren Segels ist die dickgestrichelte Linie, und die Hilfslinie des kleinen Segels ist die dünngestrichelte Linie. Jetzt die Segel mit einem Lötkolben ausschneiden. Die Unterkante des jeweilig ausgeschnittenen Segels mit einer geschlossenen Umsäumung versehen. Dann den 300 cm langen und 7 cm breiten Dacronstreifen in der Mitte der Länge nach falzen und zwei 9 cm lange Stücke abschneiden. Die beiden Verstärkungsstücke nun jeweils um die bei-

Zeichnung 2

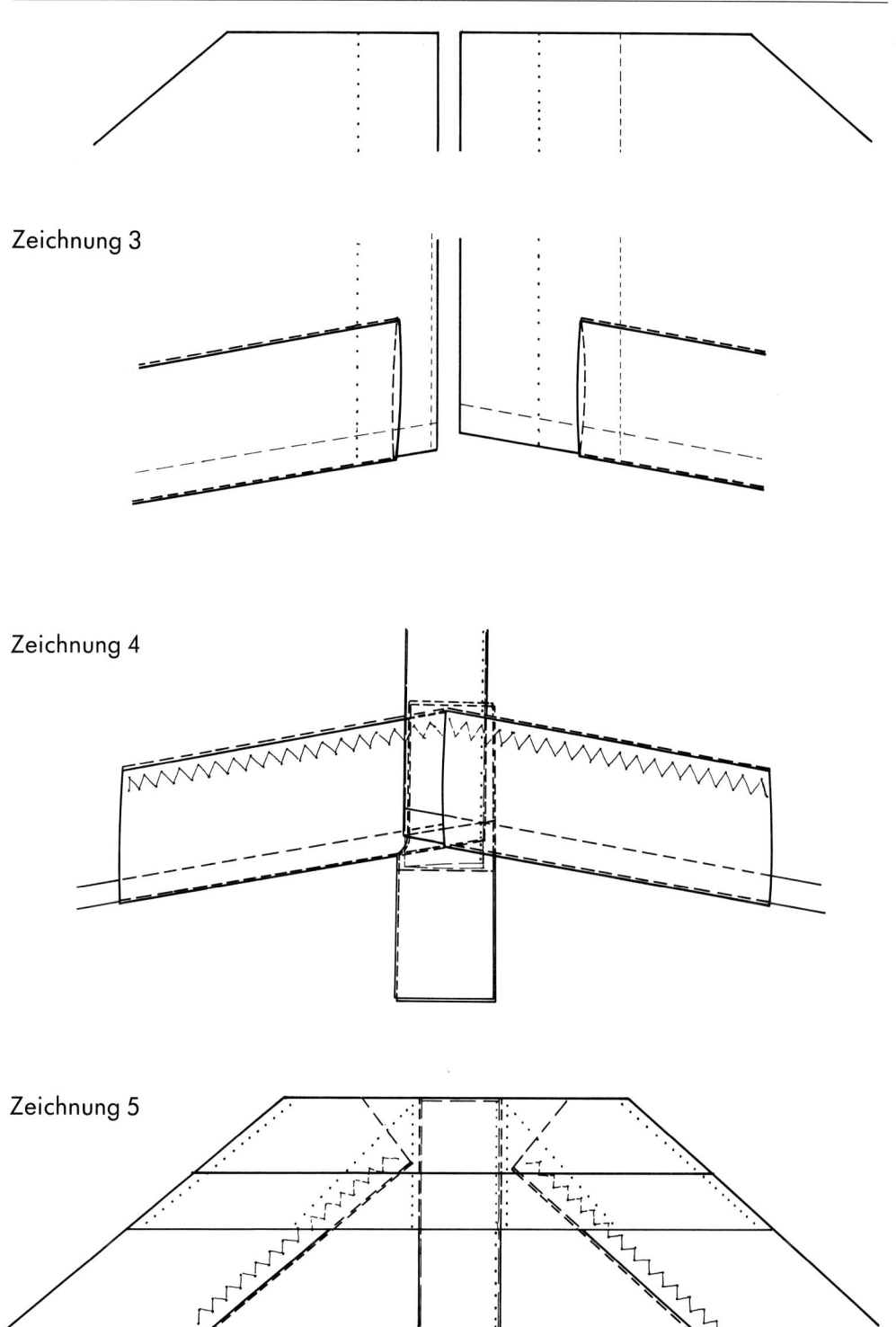

Zeichnung 3

Zeichnung 4

Zeichnung 5

den Segelhälften nähen (siehe Zeichnung 3 + 4). Jetzt die beiden Segelhälften mit der Vorderseite so übereinanderlegen, daß die Drachenspitzen bündig liegen, und entlang der Hilfslinie zusammennähen. Im Anschluß die zwei Segel auseinanderklappen und das überstehende Ende zur längeren Segelhälfte hin umschlagen. Dies gibt dann die Kielstabtasche.

Nun den 60 cm langen Dacronstreifen in der Mitte der Länge nach falzen. Den so entstandenen Dacronstreifen mit dem Falz in die umgeschlagene Tasche bis an die erste Naht schieben, so daß die vier Lagen bündig miteinander abschließen. Von oben nach unten im Abstand von 3 mm zum bündig liegenden Rand die Kielstabtasche mit einer geraden Naht bis ca. 5 cm vom unteren Ende nähen. Nun die beiden Dacronstreifen 10 cm × 30 mm zurechtschneiden und sie von unten in die Kielstabtasche schieben (siehe Zeichnung 4).

Jeweils eine Seite der Dacronverstärkung nach oben und eine nach unten um den Drachen schlagen, so daß eine Tascheneinführung für den Kielstab entsteht. Dann die Naht bis zum Ende fortsetzen und noch die gegenüberliegende Seite der Tascheneinführung mit einer kurzen Naht befestigen.

Von dem übriggebliebenen 7 cm breiten Dacronstreifen je zwei 125 cm lange Stücke abschneiden. Diese Dacronstreifen werden jeweils um den äußeren Flügelrand gelegt und mit einer Zickzacknaht am Segel festgenäht (siehe Zeichnung 1 + 5).

Den restlichen Dacronstreifen von 7 cm Breite um die Drachenspitze legen und annähen (siehe Zeichnung 5). Darauf achten, daß die Taschen nicht zugenäht werden. Nun das Gurtband in der Mitte der Länge nach falzen und auch um die Drachenspitze legen, es dann entlang der gleichen Nähte wie zuvor den Dacronstreifen am Segel festnähen (siehe Zeichnung 5). Alle überstehenden Verstärkungsteile an der Drachenspitze und an den Flügelenden mit einem Lötkolben abschneiden. Dann noch die 3 cm langen Aussparungen für die PE-Schlauchseitenteile heiß ausschneiden (siehe Zeichnung 1) und die vier PE-Schlauchseitenteile herstellen (siehe Kapitel Verbindungen 6).

Die Seitenstäbe bestehen aus $1^1/_2$ Glasfilamentstäben, die mit einer Muffe (gleiches Material) verbunden sind. Die Muffe wird zur Hälfte in den kurzen Stab mit Sekundenkleber eingeklebt. Die restlichen Stäbe werden, wie in Zeichnung 1 zu sehen ist, auf die angegebene Länge geschnitten. Jetzt die Seitenstäbe so einführen, daß der kurze Stab im oberen Teil der Seitentasche liegt.

An den jeweiligen Aussparungen die gelochten PE-Schlauchseitenteile auf den Seitenstab mit aufschieben. Dann eine Kreuzverbindung herstellen (siehe Kapitel Verbindungen 1) und den Kielstab in das Stück PE-Schlauch schieben (siehe Zeichnung 1).

Die beiden unteren Querstäbe werden nun jeweils in die PE-Schlauchseitenteile und in die Aluminiummuffe der Kreuzverbindung gesteckt. Entsprechend den oberen Querstab in die PE-Schlauchseitenteile schieben. Jetzt die Pfeilnocken mit den Einsätzen in die Enden der Seitenstäbe kleben und im Anschluß die Löcher für die Spanngummis einschmelzen (siehe Zeichnung 1).

Nun die Waagenschnüre nach den Maßen, wie in Zeichnung 1 zu sehen, herstellen und sie an den entsprechenden Waagenpunkten befestigen. Darauf achten, daß die Waagenschnur vom oberen Waagenpunkt (Querstab) zum unteren Waagenpunkt (Kielstab) ein Stück ist.

Top-Swing

Der „Top-Swing" ist ein kleiner Sport-lenkdrachen, zwar nicht so quirlig wie der „Swing", aber wesentlich präziser in Flug und Steuerung. Es macht einfach Spaß, ihn durch die Luft sausen zu lassen. Allerdings ist wie beim „Swing" darauf zu achten, daß die Steuerschnur bei Lenkmanövern nicht überrissen wird. Als Tip kann man sich merken: Länge Steuerzug ≙ Länge des eigenen Unterarms.

Der Vorteil beim „Top-Swing" ist, daß bis auf zwei zusätzliche Raminrundstäbe das gleiche Gestänge wie beim „Swing" benutzt werden kann. Der „Top-Swing" fliegt wie fast alle Lenkdrachen ab 3 Bft. Windstärke und benötigt 60-kp-Steuerschnüre, 2 × 40 Meter lang. Die Flügelspannweite beträgt ca. 180 cm.

Baumaterial

– *6 Glasfilament- oder Epoxitstäbe:* à 82,5 cm lang, 8,5 mm ⌀;
– *1 Raminrundholz:* 38 cm lang, 8 mm ⌀;
– *2 Raminrundhölzer: 100 cm lang, 7 mm ⌀;*
– *1 Aluminiumrohr:* 9 cm lang, 9 mm ⌀ innen;
– *2 Verbindungsmuffen,* passend für die Glasfilamentstäbe;
– *Spinnakernylon:* 150 cm × 100 cm;
– *Dacronstreifen:* 300 cm lang, 7 cm breit und 60 cm lang, 4,5 cm breit, 30 cm lang, 3 cm breit;
– *Gurtband:* 30 cm lang, 3 cm breit;
– *PE-Schlauch:* 30 cm lang, 8 mm ⌀ innen und 8 cm lang, 12 mm ⌀ innen;
– *Gummispannschnur:* 130 cm lang, 3 mm ⌀;
– *4 Pfeilnocken:* jeweils für die zwei Raminrundhölzer und die 2 Glasfilamentstäbe;
– *2 passende Aluminiumeinsätze* für die Glasfilamentstäbe;
– *2 Aluminiumwaagenringe;*
– *Waagenschnur:* 450 cm lang und 50 kp stark.

44

Zeichnung 1

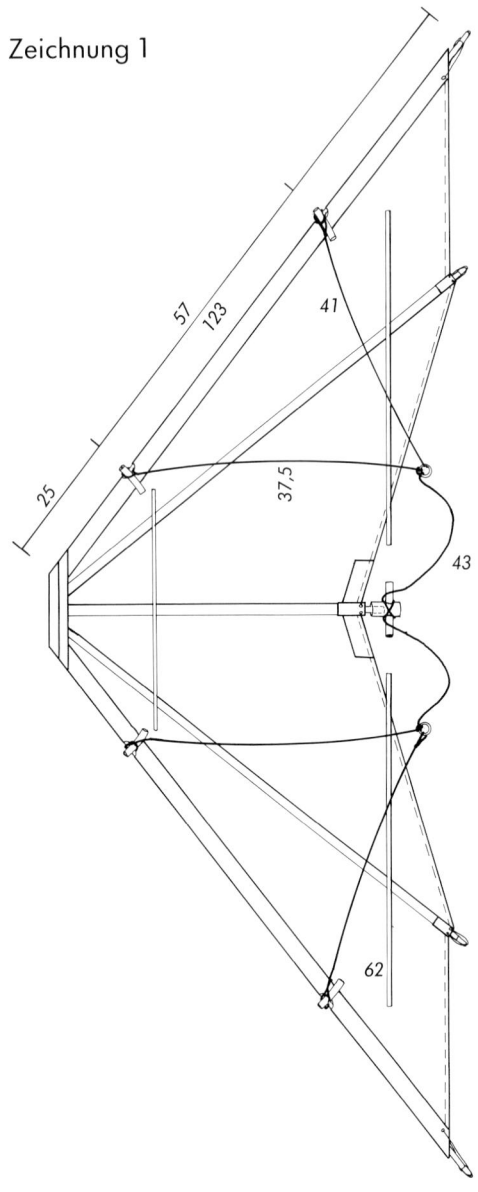

Bauanleitung

Alle Maße und Hilfslinien für die vier Segelteile auf das Spinnakernylon übertragen (siehe Zeichnung 2). Darauf achten, daß das eine der beiden inneren Segelteile an der durchgezogenen Linie entlang ausgeschnitten wird und das andere Segelteil entsprechend an der dickgestrichelten Linie. Das bedeutet, daß wie beim „Swing" die beiden Segelteile unterschiedlich groß sind. Die Hilfslinie des größeren Segelteils ist die dickgestrichelte Linie und die Hilfslinie des kleineren Segelteils die dünngestrichelte Linie. Im Anschluß alle Segel mit einem Lötkolben ausschneiden (siehe Zeichnung 2) und die Segelunterkanten jeweils mit einer geschlossenen Umsäumung versehen.

Als nächstes werden die beiden Segelhälften hergestellt. Die beiden Segelteile einer Segelhälfte mit den Oberflächen so aufeinanderlegen, daß die Außenkanten bündig abschließen und die gestrichelten Hilfslinien übereinanderliegen, wobei man sich an der Drachenspitze orientiert. Nun die beiden Segelteile der Hilfslinie entlang aufeinandernähen. Dann die beiden aufgenähten Segelteile auseinanderklappen und so herumdrehen, daß die Segelrückseite vor einem liegt.

Zur Herstellung der Stabilisierungsstabtasche den überstehenden Rand nehmen und zur dünn durchgezogenen Linie hin umfalten. Dann von oben nach unten 2–3 mm vom Rand festnähen (siehe Zeichnung 2).

Darauf achten, daß, bevor die Stabilisierungstasche zu Ende genäht wird, die beiden Dacronteile 10 cm × 2,5 cm als Stabeinführungsverstärkung mit eingesetzt werden (siehe Zeichnung 5 + 6 und Kapitel „Swing" Verstärkung Kielstabtascheneinführung). Das gleiche gilt für die Herstellung der zweiten Segelhälfte. Für die Kielstabtasche nun die beiden Segelhälften mit den Oberflächen anhand der Hilfslinien übereinanderlegen und wie beim „Swing" zusammennähen (siehe Zeichnung „Swing" 3 + 4). Bis auf ein etwa 15 cm breiteres Kopfstück und die beiden zusätzlichen Stabilisierungsstäbe aus Ramin, die genauso befestigt werden wie die Seitenstäbe, ist der Zusammenbau baugleich mit dem Modell „Swing" (siehe Zeichnung).

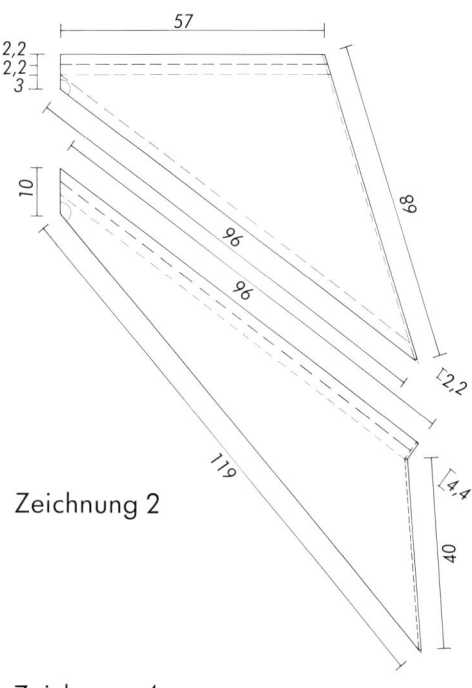

Zeichnung 2

Zeichnung 3

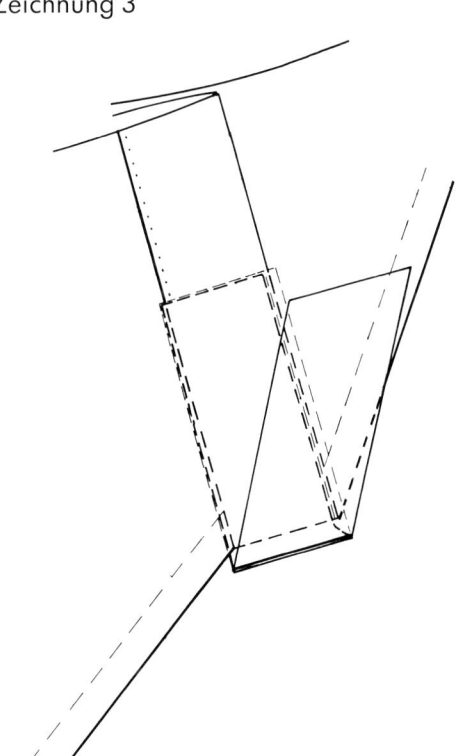

Zeichnung 4

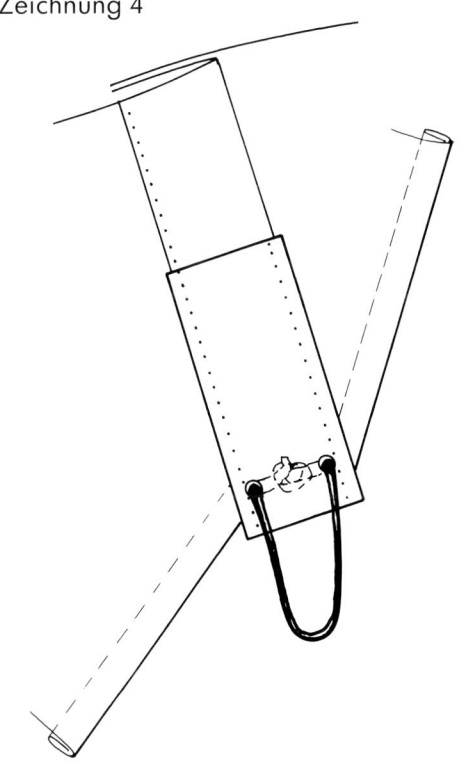

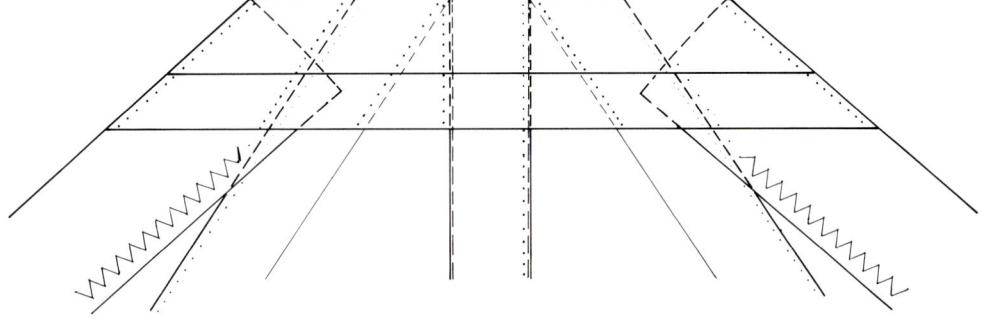

Zeichnung 5

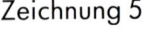

Ducktail

Der Ducktail bekam seinen Namen wegen seines entenförmigen Schwanzansatzes.

Als großer Lenkdrachen ist der Ducktail zwar nicht so schnell im Flug wie seine kleineren Vettern, dafür entwickelt er aber ab einer Windstärke von 4 Bft. schon enorme Zugkräfte, die man nicht unterschätzen sollte.

Der Ducktail ist kein Kinderdrachen, und auch für den Lenkdrachenneuling ist es besser, erst einmal mit kleineren Lenkdrachen zu üben. Nach genügendem Training kann man den Ducktail in Angriff nehmen, da er doch schon einiges an Lenkdrachenerfahrung erfordert. Ab 2,5 Bft. wird der Ducktail in die Luft geblasen; wegen seiner Zugkräftigkeit sind 100-kp-Lenkschnüre angebracht mit einer Länge von jeweils 2 × 40–50 Meter. Flügelspannweite ca. 230 cm.

Baumaterial

– *1 Glasfilamentstab:*135 cm lang, 9,5 mm ⌀;
– *7 Glasfilamentstäbe:* à 82,5 cm lang, 8,5 mm ⌀;
– *2 Raminrundhölzer:* jeweils 130 cm lang, 8 mm ⌀;
– *2 Verbindungsmuffen,* passend für die Glasfilamentstäbe 8,5 mm ⌀;
– *1 Aluminiumrohr:* 9 cm lang, 9 mm ⌀ innen;
– *Spinnakernylon:* 300 cm × 100 cm;
– *Dacronstreifen:* 400 cm lang, 7 cm breit;
– *Dacronstreifen:* 11 cm lang, 6 cm breit;
– *Gurtband:* 30 cm lang, 4 cm breit (zum Beispiel Sicherheitsautogurt);
– *Gurtband:* 6 cm lang, 3 cm breit;
– *PE-Schlauch:* 25 cm lang, 8 mm ⌀ innen und 8 cm lang, 12 mm ⌀ außen und 8 cm lang, 12 mm ⌀ innen;
– *Gummispannschnur:* 150 cm lang, 3 mm ⌀;
– *5 Pfeilnocken;*
– *3 Pfeilnockenaluminiumeinsätze;*
– *2 Karabinerhaken:* 130 kp;
– *Waagenschnur:* 500 cm lang und 100 kp stark.

Bauanleitung

Nach dem Übertragen aller Maße und Hilfslinien auf das Spinnakernylon die einzelnen Segelteile mit dem Lötkolben ausschneiden (siehe Zeichnung 2). In der Zeichnung 2 sind die Maße der zwei Grundelemente für jeweils eine Segelhälfte angegeben.

Natürlich kann die Farbgebung der Flügel noch reichhaltiger gestaltet werden, dazu immer auf die Nahtzugabe einer Kappnaht achten. Nun die beiden inne-

Zeichnung 1

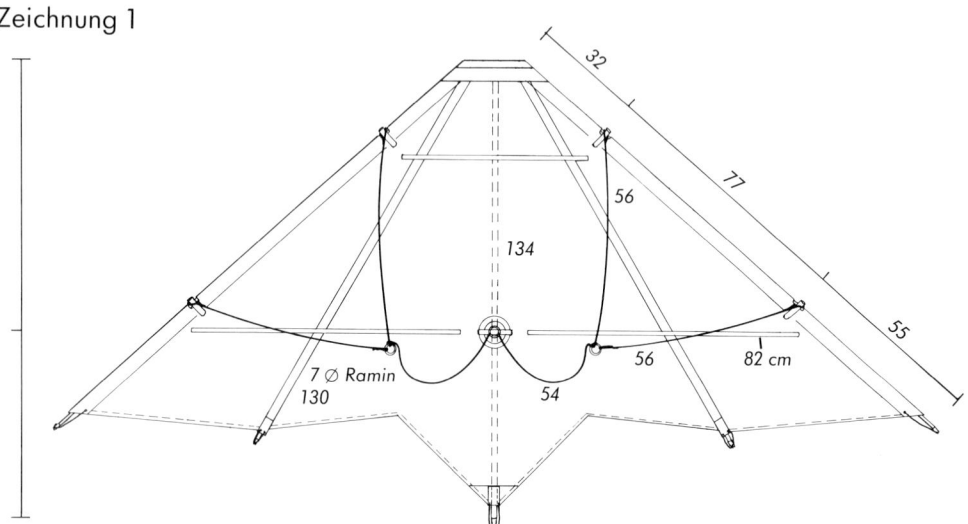

ren Segelteile mit den Oberflächen bündig aufeinanderlegen und entlang der Hilfslinie mit einer geschlossenen Kappnaht zusammennähen (siehe Kapitel Nähtechnik). Jetzt aus dem kleinen Dacronstreifen ein Verstärkungsdreieck zurechtschneiden und es, bevor umsäumt wird, in die Schwanzspitze passend einlegen. Das Verstärkungsdreieck aufnähen und im Anschluß die Segelunterkante mit einem geschlossenen Saum versehen (siehe Zeichnung 3). Danach wird noch das 6 × 3 cm große Gurtband für die spätere Kielstabdurchführung entsprechend aufgenäht (siehe Zeichnung 3).

Dort, wo später die Kreuzverbindung durch das Segel kommt, muß zum besseren Schutz eine Dacronverstärkung aufgenäht werden. Dazu zwei gleichgroße Dacronkreise à 7 cm Ø ausschneiden und sie jeweils von vorne und hinten auf die Segelfläche bündig übereinanderkleben. Dann werden sie fest zusammengenäht. Nun einen Kreis von 4 cm Ø ausschneiden. Jetzt die äußeren Flügelteile jeweils an der Unterkante geschlossen umsäumen und entsprechend annä-

hen, daß die Stabilisierungsstabtaschen entstehen (siehe Bauanleitung Top-Swing).

Danach die Dacronstreifen für die Seitenstabtaschen mit einer Zickzacknaht annähen (siehe Bauanleitung Swing). Zur Herstellung der Drachenspitze zwei ca. 30 × 7 cm große Dacronstreifen bündig übereinanderlegen und der Länge nach knapp am Rand zusammennähen. Dann die beiden zusammengenähten Dacronstreifen so umschlagen, daß die Naht versteckt ist, und um die Drachenspitze legen. Beim Annähen darauf achten, daß die Stabtaschen offen bleiben. Genauso verfährt man im Anschluß mit dem Gurtband. Nun die Löcher zum Befestigen der Gummischnur und 3 cm lange Ausschnitte für die Querstabverbindungen heiß ausschneiden sowie alle überstehenden Dacronteile abschmelzen.

Als nächstes wird die Kreuzverbindung hergestellt (siehe Kapitel Verbindungsmöglichkeiten und Zeichnung 4). Jetzt werden die Gerüststäbe auf die entsprechende Länge gebracht. Darauf achten, daß die längs verlaufenden Stäbe zum

Zeichnung 2

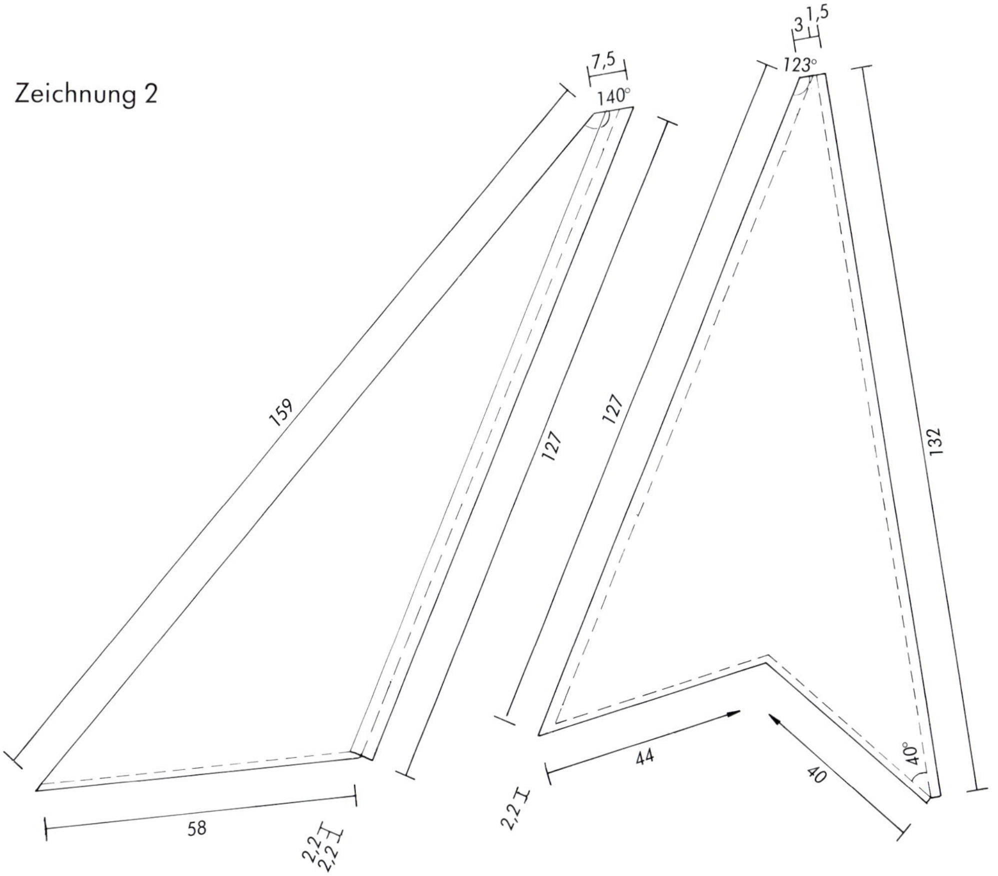

7,5
140°

3 1,5
123°

159

127   127

132

58

2,2
2,2

2,2

44   40   40°

Zeichnung 3

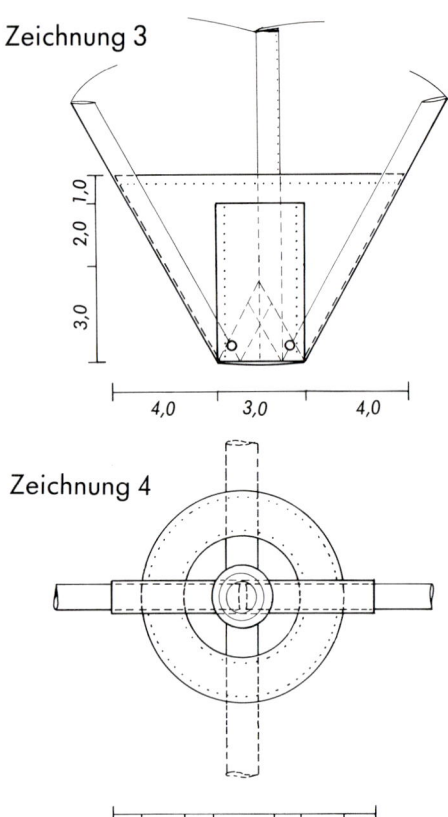

Zeichnung 4

Spannen des Segels 3–5 cm aus der Segelunterkante herausschauen. Den Kielstab, der hinter dem Segel verläuft, durch die untere Segeldurchführung schieben und mit dem Kreuzverbindungsstück versehen. Dann den Kielstab in die obere Tasche stecken und die Kreuzverbindung entsprechend hinter dem kreisförmigen Segelausschnitt in Position bringen, so daß das Aluminiumrohr vor dem Drachensegel liegt.

Zum Schluß die restlichen Stäbe mit den PE-Schlauchquerverbindungen zusammen in die zugehörige Tasche schieben und mit den Pfeilnocken versehen. Das Segel mit der Gummischnur etwas spannen und die Querstreben anbringen. Beim Anfertigen der Waagenschnüre ist darauf zu achten, daß die Waagenschnur vom oberen Waagenpunkt bis zur Kreuzverbindung ein Stück ist (siehe Zeichnung 1).

Skywindow

Er ist ein herrlicher Leichtwindkasten-
drachen, der schon ab einer Windstärke
von 2,5 Bft. anfängt zu fliegen. Erfunden
wurde er von dem Engländer David Pelham und weiterentwickelt von dem Ame-
rikaner Mel Govig. Die Waage besteht
aus zwei Schnüren, die mit einem Karabinerhaken verbunden werden. Man
kann ihn als einleinigen Drachen fliegen
oder aber die zwei Waagenschenkel jeweils mit Lenkschnüren verbinden.
Ab einer Windstärke von 3,5 Bft. läßt er
sich bequem steuern und macht sogar
Loopings. Im Gespann von drei Drachen
oder mehr gibt der gelenkte Kastendra-
chen ein imposantes Bild ab. Ein Einzeldrachen ist mit einer 50-kp-Schnur zu
fliegen, bis zu drei Drachen 100-kp-
Schnur.

Baumaterial

- *4 Raminrundhölzer:* ca 100 cm lang,
  8 mm ∅;
- *4 Raminrundhölzer:* ca. 103 cm lang,
  7 mm ∅;
- *Spinnakernylon:* 220 cm × 100 cm;
- *Dacronstreifen:* 160 cm lang,
  25 mm breit;
- *Polyesternahtband:* 450 cm;
- *2 kleine D-Ringe;*
- *2 Aluminiumwaagenringe;*
- *Waagenschnur:* 50-kp-Schnur, bis zu
  drei Drachen 100-kp-Schnur, 300 cm
  lang

Bauanleitung

Die Maße auf das Spinnakernylon übertragen und die einzelnen Segelteile ausschneiden (siehe Zeichnung 2a + 2b). Die Nahtzugabe von 1,5 cm wurde in Zeichnung 2 mit berücksichtigt. Das Teil 3, das viermal besteht, an den Rändern a, b und c geschlossen umsäumen. Die Teile 1 + 2, die auch jeweils viermal bestehen, an den b-Seiten geschlossen umsäumen. Jetzt das Teil 1 + 2 mit den Rückseiten aufeinanderlegen, und zwar so, daß die beiden Hilfslinien a übereinanderliegen.

Diese 2 Teile genau mit den Hilfslinien auf die Vorderseite des Teiles 3 (siehe Hilfslinie d) auf Stoß mit dem äußeren Rand übereinanderlegen. Dann mit einer geraden Naht auf der Hilfslinie entlang die 3 Teile zusammennähen (siehe Zeichnung 4). Jetzt Teil 3 umschlagen und mit dem bleibenden Nahtrest verbinden (siehe Zeichnung 4). Das gleiche gilt für die restlichen Segelteile. Danach zwei 5 × 4 cm große Dacronverstärkungen auf die Rückseite der vorderen Flügel annähen; sie dienen zur Waagenpunktverstärkung (siehe Zeichnung 3 + 5).

Jetzt das Nahtband so auf die Rückseite des Flügels nähen, daß eine Tasche entsteht (siehe Zeichnung 4 + 5). Aus dem 25 mm breiten Dacronstreifen nun 16 Stücke à 10 cm schneiden, wobei 8 Stükke als Tasche für die Querstäbe dienen und die anderen 8 Stücke als Längsstäbendverstärkung (siehe Zeichnung 4b). Die 8 Querstabtaschen auf die Rückseite des Flügels nähen (siehe Zeichnung 3). 4 der 8 Längsstabendverstärkungen an der Spitze um das Nahtband und den Flügel legen, dann an den Seiten gut festnähen (siehe Zeichnung 3). An der Unterseite genauso verfahren, nur die äußere Flügelnaht bis zum Flügelende nähen, so daß eine 2,5 cm lange Öffnung verbleibt. Durch diese Öffnung dann den jeweiligen Längsstab einführen. Nun zwei 8 × 4 cm große Spinnakerstreifen ausschneiden (siehe Zeichnung 4b), jeden Streifen dreimal falten, so daß zwei 8 × 1 cm breite Streifen verbleiben, und diese haltbar zusammennähen. In diese Streifen jeweils einen D-Ring hängen und die Streifen an die Rückseite der vorderen Flügel annähen (siehe Zeichnung 5).

Im Anschluß alle Stäbe einführen. Die 300 cm lange Waagenschnur in der Mitte teilen, und jedes Ende der beiden Waagenschnüre mit einer ca. 5 cm langen Schlaufe versehen. Jede der beiden Waagenschnüre mit einer Buchte an den jeweiligen D-Ringen in den vorderen Flügeln befestigen. Mit einer Buchte jeweils die beiden Aluminiumwaagenringe in den Schlaufen am Ende der Waagenschnüre verknoten.

Soll der Skywindow einleinig geflogen werden, die beiden Aluminiumwaagenringe mit einem Karabiner verbinden.

Zeichnung 1

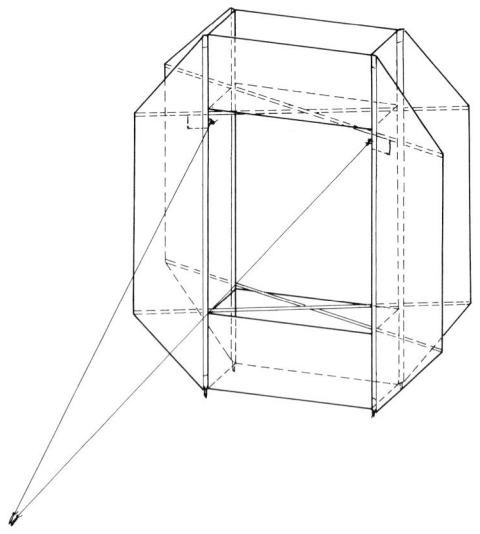

Zeichnung 2a

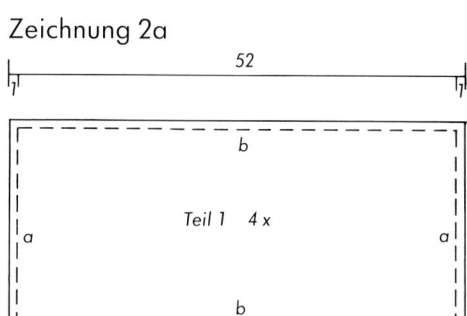

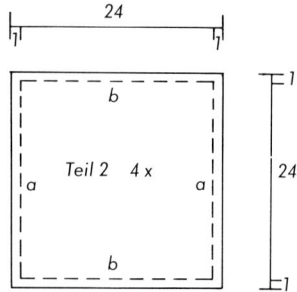

Zeichnung 2b

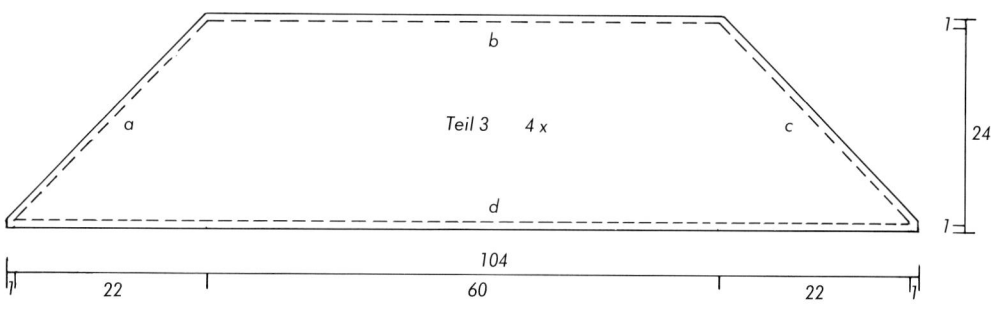

Zeichnung 3

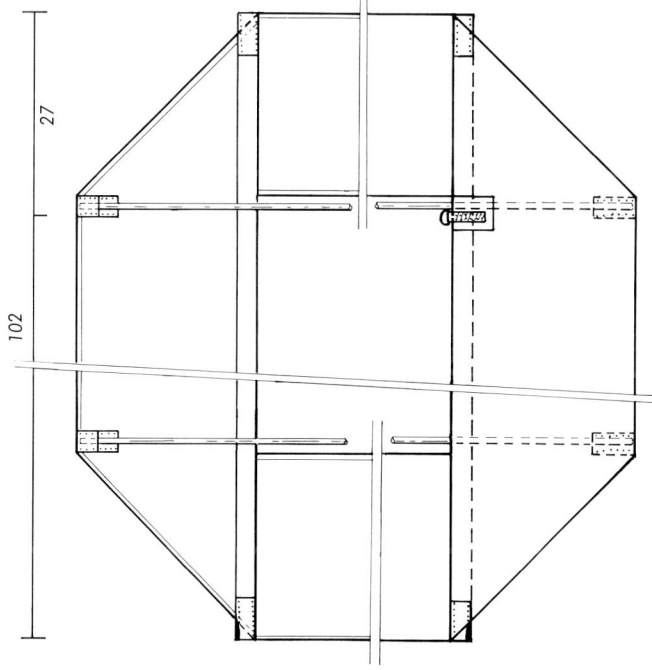

Zeichnung 4a

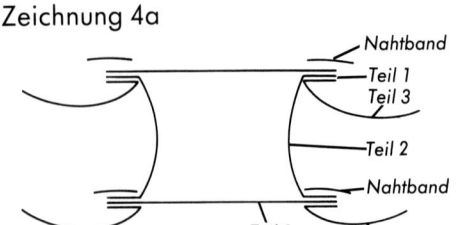

Nahtband
Teil 1
Teil 3
Teil 2
Nahtband
Teil 1
Teil 3

Zeichnung 4b

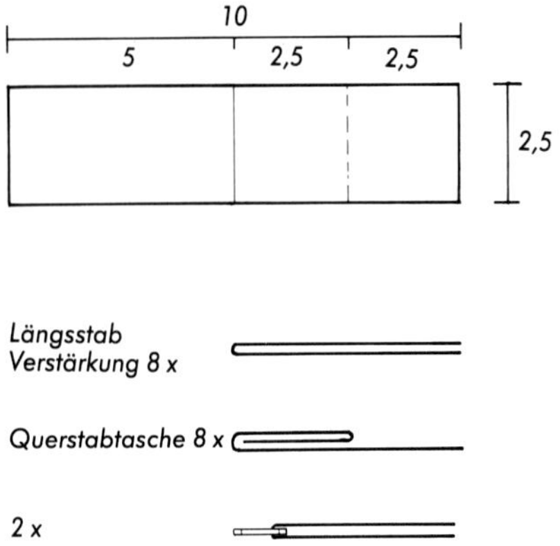

10

5 2,5 2,5

2,5

Längsstab
Verstärkung 8 x

Querstabtasche 8 x

2 x

Zeichnung 4c

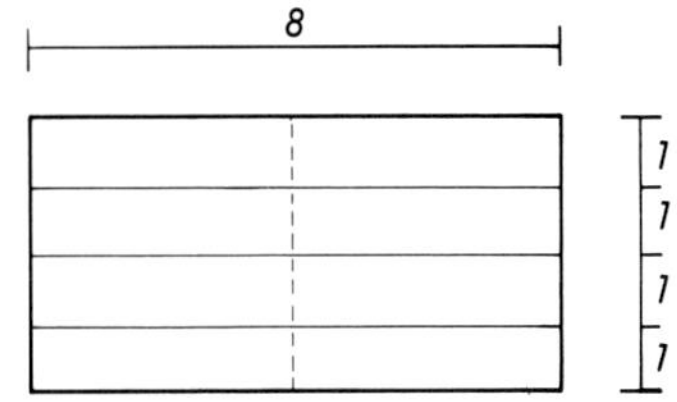

8

1
1
1
1

Zeichnung 5

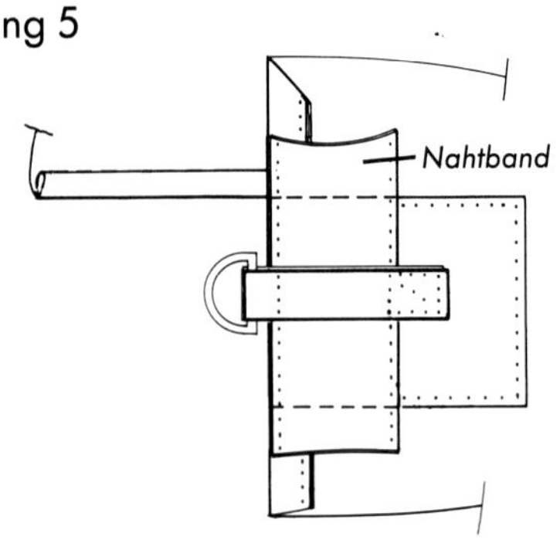

Nahtband

Zeichnung 6

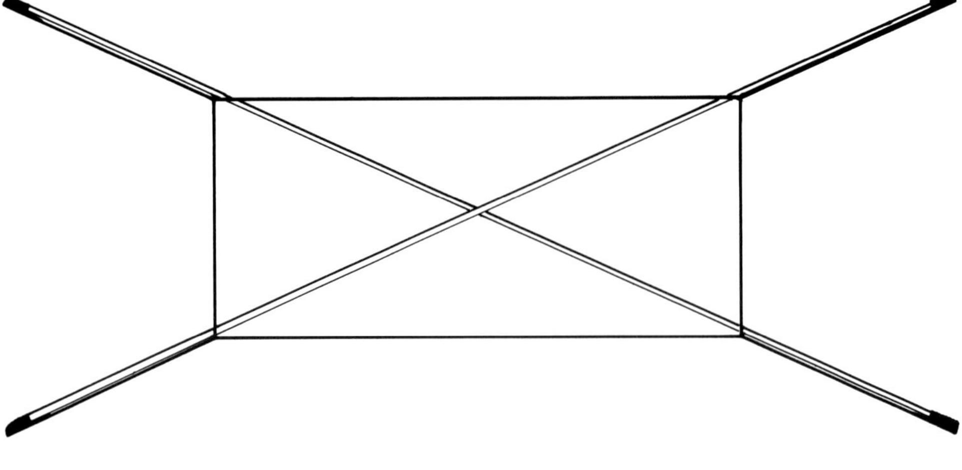

Facette

Zum Schluß noch ein Drachen, der ein wenig aus der Reihe fällt. Ein origineller kleiner Drachen, der durch seinen lebhaften, eigenwilligen Flug begeistert. Ähnliche Modelle gibt es in vielerlei Variationen und Größen.

Ein stetiger Wind ab 3 Bft. läßt den Facettedrachen am besten fliegen. Er hat die Eigenschaft, daß er Windlöcher durch Absacken auf den Boden überbrückt und manchmal von selbst wieder startet, wenn er günstig eine Böe bekommt. Als Schnur reicht eine 25-kp-Polyesterschnur mit 0,8 mm ∅ völlig aus.

Baumaterial

- *6 Raminrundhölzer:* à 53 cm lang, 6 mm ∅;
- *1 Raminrundholz:* 104 cm lang, 8 mm ∅;
- *Spinnakernylon:* 100 cm breit, 230 cm lang;
- *8 Spinnakerstreifen,* mehrfach gefaltet: 10 mm breit und 60 mm lang;
- *PE-Schlauch:* 40 cm lang, 6 mm ∅ innen;
- *6 Spreng- oder Schlüsselringe:* 20 mm ∅;
- *1 Aluminiumring* für die Waage;
- *Waagenschnur:* ca. 250 cm lang, 25-kp-Polyesterschnur.

Bauanleitung

Nach den Maßen der Zeichnung 2 eine
Schablone anfertigen und 6 Segel ausschneiden, die Nahtzugabe nicht vergessen. Danach die gestrichelte Hilfslinie (siehe Zeichnung 2) auf jedes Segel
zeichnen, und alle Segel mit einer geschlossenen Umsäumung versehen.
Dann jeweils 3 Segel anhand der Hilfslinie übereinanderlegen und mit zwei
Spinnakerstreifen (spätere Haltelaschen
für den Rumpfstab) an der Hilfslinie entlang zusammennähen (siehe Zeichnung
3). Nicht vergessen, an den zulaufenden
Spitzen der Segel eine ca. 20 cm lange
25-kp-Schnur 2 cm weit mit einzunähen
(dient zur Spannung der Segel). Dann
die oberen und unteren Segel mit den
restlichen Spinnakerstreifen als Lasche
an den äußeren Spitzen zusammennähen (siehe Zeichnung 3). Den PE-
Schlauch in sechs 6 cm lange Stücke
schneiden und in der Mitte 3 mm stark lo-
chen, anschließend in den Sprengring
eindrehen. Danach die Schlauchstücke
mit dem Sprengring in den einzelnen Laschen befestigen (siehe Zeichnung 4).
Dann den 104 cm langen Raminrundstab
an beiden Enden einkerben und als
Rumpfstab durch die beiden Spinnaker-
laschen stecken. An den Einkerbungen
oben und unten die zuvor angenähten 20
cm langen Schnüre zum Spannen der Segel mit einem Knoten einhängen. Der
Abstand von oberen und unteren Segeln
sollte am Rumpfstab gemessen 30 cm
betragen. Jetzt die Seitenstäbe jeweils in
die PE-Schlauchstücke stecken, der letz-
te Stab sollte, wenn alles richtig ist, sich
nur unter Spannung einsetzen lassen.
Nun die Waagenschnur in zwei Teile à
145 cm und 85 cm schneiden. An den
beiden Enden der langen Waagenschnur zwei ca. 5 cm lange Schlaufen
knoten, danach die Mitte der Schnur

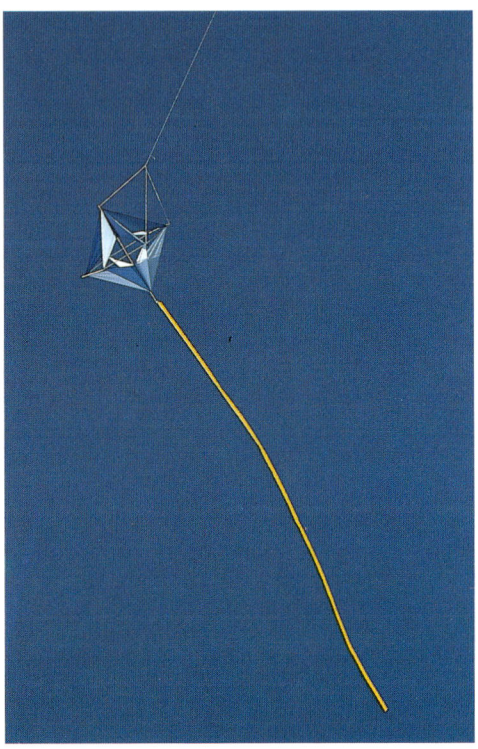

nehmen und genau dort eine dritte
Schlaufe knoten. Die äußeren Schlaufen
an den Sprengringen befestigen (siehe
Zeichnung 1). Ein Ende der kurzen Waagenschnur mit einer Schlaufe versehen
und am anderen Ende mit einem Rundtörn mit zwei halben Schlägen an der
Drachenspitze zwischen Spannknoten
und Segel befestigen. Jetzt nur noch den
Aluminiumwaagenring zum Verbinden
der beiden Waagenschnüre in den
Schlaufen mit einer Buchte anbringen.

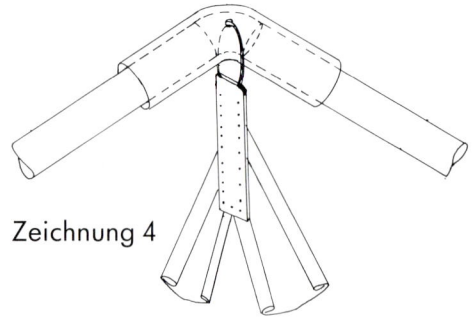

Zeichnung 4

Zeichnung 1

Zeichnung 2

Zeichnung 3

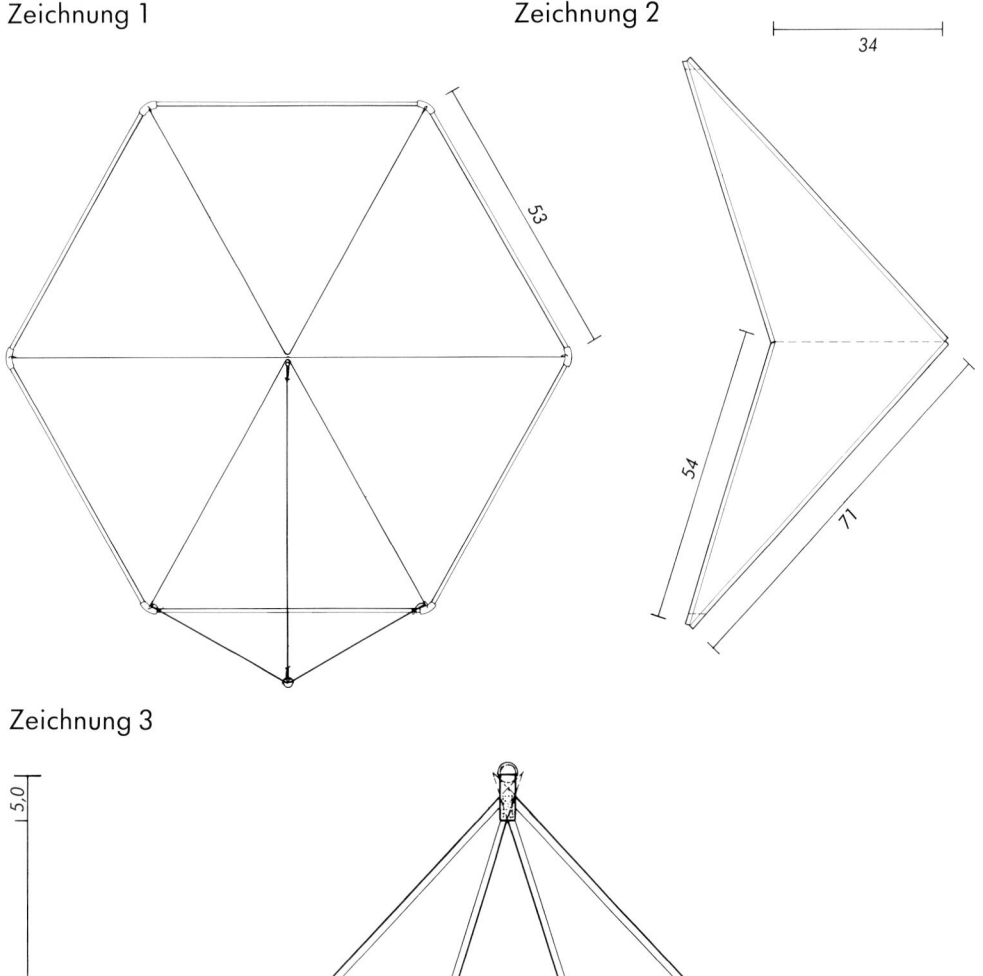

Die Startanleitung

Die Fehlerbehebung

Bei einem Alleinstart vorher die Lenkgriffe oder Lenkstange am Boden mit einem Stock fixieren. Im Anschluß die beiden gleichlangen Steuerschnüre (40–60 Meter pro Schnur) auslegen. Die Steuerschnüre an den Waagenringen links und rechts am Lenkdrachen mit einem Wirbel befestigen. Dann den Lenkdrachen in Windrichtung vor sich auf den Rücken legen. Nun die beiden Lenkschnüre langsam gleichmäßig anziehen, bis sich die Drachenspitze senkrecht vom Boden hebt und der Lenkdrachen auf der Hinterkante steht. Durch schnelles, gleichmäßiges Anziehen der beiden Lenkschnüre den Drachen abheben lassen. Bei einem Alleinstart von rautenförmigen Lenkdrachen die Lenkschnüre anziehen, bis er sich auf eine der beiden langen Seiten stellt.

Werden die Lenkschnüre gleichlang gehalten, fliegt der Lenkdrachen immer in die Richtung, wo seine Spitze hinzeigt, horizontal wie vertikal. Je nach Zug an einer der beiden Schnüre fliegt der Lenkdrachen in die gewünschte Richtung, links oder rechts. Behält man eine der beiden gezogenen Stellungen bei, fängt der Lenkdrachen an, kreisende Bewegungen zu machen. Trotz Verdrehen der Lenkschnüre bei Loopings ist es möglich, den Lenkdrachen zu steuern und ihn so in seine ursprüngliche Stellung zurückzufliegen. Zum Landen den Lenkdrachen ca. 1–2 m über dem Boden aus dem Wind fliegen.

Das gleiche gilt auch für Lenkdrachengespanne.

Lenkdrachen fliegt trotz optimaler Einstellung überhaupt nicht:

sehr wahrscheinlich ist kein Wind.

Lenkdrachen steigt nicht:

die oberen Waagenschenkel sind zu lang; beidseitig die Waagenschenkel um ca. 1 cm verkürzen und neuen Start probieren.

Lenkdrachen fliegt zu große Kreise:

den oberen Waagenschenkel um ca. 1 cm auf beiden Seiten verlängern.

Lenkdrachen fliegt nur nach einer Seite große Kreise:

den oberen Waagenschenkel an der entsprechenden Seite ca. 1 cm verlängern.

Die Einstellungsmaße zur Fehlerbehebung sind keine Festmaße. Das heißt, hin und wieder muß an der Waageneinstellung experimentiert werden.

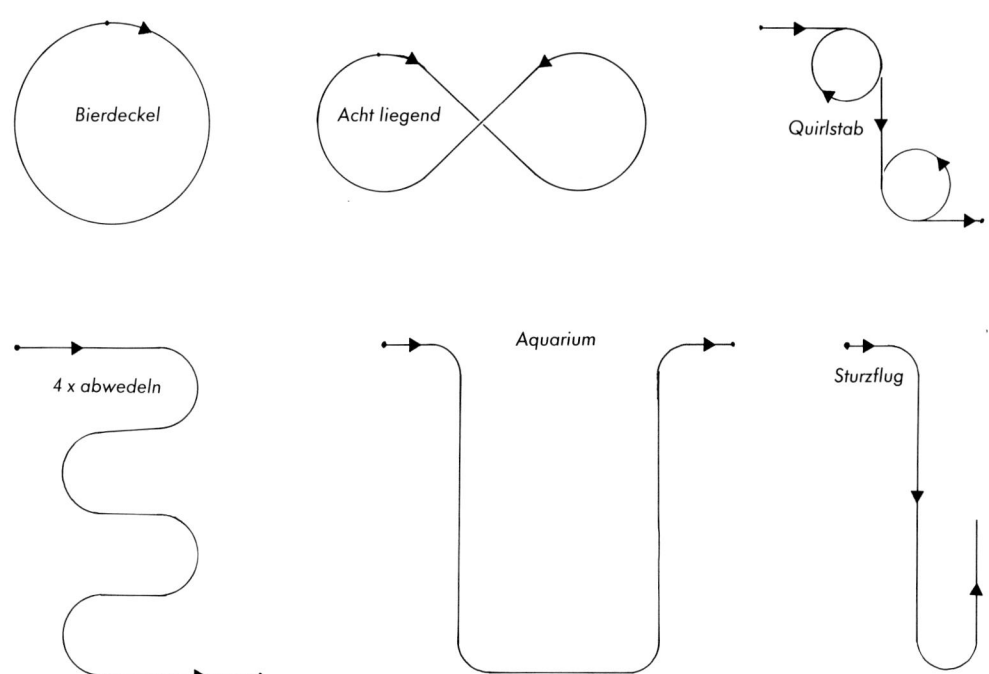

Die Flugfiguren

1. *Bierdeckel*
   Es muß ein gleichmäßig geschlossener Kreis geflogen werden.
2. *Liegende Acht*
   Die Schleifen müssen gleich groß sein und jeweils den gleichen Abstand zum Boden haben.
3. *Quirlstab*
   Von links oben wird eingeflogen und unten knapp über dem Boden ausgeflogen. Dabei die Loopings so eng wie möglich fliegen.

4. *Viermal abwedeln*
   Von links oben wird eingeflogen und rechts unten ausgeflogen. Die Horizontalflüge müssen parallel sein und der Abstand der Schlaufen gleichmäßig, vertikal wie horizontal.
5. *Aquarium*
   Links oben wird eingeflogen und rechts oben wird ausgeflogen. Die Ecken werden scharf geflogen, dabei auf Rechtwinkeligkeit achten. Die Horizontale wird in Bodennähe geflogen.
6. *Sturzflug*
   Von oben mit einer engen Kurve senkrecht nach unten, die Kurve in Bodennähe fliegen.

Sicherheitsregeln

Grundsätzlich sollten die Steuerschnüre des Lenkdrachen nicht länger als 60 Meter sein, mehr als 100 Meter sind vom Gesetzgeber sowieso nicht erlaubt. Eine zu lange Schnur läßt durch ihr Eigengewicht die Steuerung zu indirekt werden. Hierzu ein Tip: je kürzer die Steuerschnüre, desto schneller der Lenkdrachen.

Außer den üblichen zu berücksichtigenden Umständen (wie zum Beispiel: nicht in der Nähe von Hochspannungsmasten, Antennen, bei Gewitter oder in der Nähe von Häusern, Personen, Autobahnen, Zugstrecken und Flughäfen seinen Lenkdrachen steigen lassen) kommen noch einige spezielle Punkte hinzu, die von einem neuen Lenkdrachenpiloten zu beachten sind.

1. Ein Pilot, der zum ersten Mal das Lenkdrachenfliegen ausprobiert, sollte sich nach Möglichkeit der Anwesenheit eines erfahrenen Piloten versichern, der bereit ist, ihm bei den ersten Schritten behilflich zu sein. Eine andere Möglichkeit ist es, in einer Art Workshop gemeinsam mit anderen Anfängern und deren Lenkdrachen zu üben.

2. Bei den ersten Eigenflügen ist darauf zu achten, daß der dazu ausgesuchte Platz relativ frei und leer von Mitfliegern ist.

3. Andere Menschen, zum Beispiel Zuschauer, dürfen auf keinen Fall gefährdet werden, sei es durch Absturz des Fluggerätes oder durch die Luft sausende Schnüre und Drachen usw. Im glimpflichen Falle kann so etwas mit einem halb abgerissenen Ohr enden, und das ist wohl schlimm genug.

4. Was den Umgang mit den Flugfiguren angeht, wäre noch zu bemerken, daß jeder am Anfang erst einmal versuchen sollte, nur hin und her zu fliegen, auch wenn andere schon mit Loopings und anderen Flugkunststücken aufwarten.

5. Gerade das Ziehen der einzelnen Lenkdrachen oder Gespanne (quer vor sich her) erfordert zu der notwendigen Geschicklichkeit auch eine Menge Kraft. Denn solche Fluggeräte entwickeln in dieser Position die meiste Zugkraft, was manchmal ein Festgurten unumgänglich macht. Wer die Technik beherrscht, weiß das, kann sich entsprechend verhalten und hat somit seinen oder seine Lenkdrachen im Griff und nicht umgekehrt. Wichtig ist dabei auch die richtige Einschätzung der Windverhältnisse.

6. Zum Schluß kommt noch hinzu, daß man seinen Flugplatz nach dem Fliegen gesäubert von Schnur- und eventuellen Bruchresten verlassen sollte.

Literaturverzeichnis

Backes, W.
Drachen einfach und schnell gebaut, 1987
Drachen aus aller Welt, 1986
Drachen bauen, 1984
Otto Maier Verlag Ravensburg

Bahadur, D.
Indische Kampfdrachen – Come Fight a Kite, Harvey House Publisher New York, 1978

Bodóczky, I.
Drachen machen – Sárkányépités, Müszaki Könyvkiadó, Budapest, 1982

Broomfield, G. A.
Codys Leben – Pioneer of the Air, Gale and Polden, Aldershot, 1953

Botermans, J., und Weve, A.
Drachenmodelle zum Selberbauen, Heinrich Hugendubel Verlag, München, 1986

Christopher, T.
Drachen-Modelle zum Selberbauen, Heinrich Hugendubel Verlag, München, 1984

Diem, W.
Drachenbuch für Kinder, Otto Maier Verlag, Ravensburg, 1986

Eber, D.
Bell als Drachenpionier – Genius at work, The Viking Press, New York, 1982

Erfurth & Schlitzer
Originelle Drachen zum Nachbauen, Englisch Verlag, Wiesbaden, 1988

Eugster, J.
Drachen, Bausteine für das Werken, Verlag ZKM, Zell, und SVHS, Liestal, 1984

Halle, G.
Otto Lilienthal und seine Flugzeugkonstruktionen, 1962

Hart, C.
Geschichte der Drachen – Kites: An historical Survey, Paul P. Appel Publisher, Mount Vernon, New York, 1968

Hiroi, T.
Drachenskulpturen am Himmel – Kites Sculpting the Sky, Pantheon Books, New York, 1978

Hunt, L. L.
25 fliegende Drachen – 25 Kites that fly, Dover Publications, New York, 1971

Jue, D.
Chinesische Drachen – Chinese Kites, Charles E. Tuttle, New York und Tokio, 1967

Kau, K., und Hsieh, S.
Chinese Kites, Taipei, 1983

Moulton, R.
Das Drachenbuch, Otto Maier Verlag, Ravensburg, 1982

Pelham, D.
DuMont's Bastelbuch der Drachen, DuMont Buchverlag, Köln, 1977

van Veen, H.
Drachen selbermachen – Vliegers zelfmaken, Cantecleer Buchverlag de Bilt, 1980

Yolen, J.
Geschichte des Drachen – World on a String, The Story of Kites, The World Publishing Company, New York, 1968

Drachenzeitschriften

- *Kite Lines:*
  das wohl größte internationale Drachenmagazin aus den USA; für jeden Drachenfan eine Freude. Aelus Press, Inc., Baltimore, USA.
- *Vlieger:*
  es ist zwar in Holländisch, aber trotzdem verständlich, bietet gute Informationen. Vliegerpromotie den Haag.
- *Hoch Hinaus:*
  informative Zeitschrift darüber, was sich im In- und Ausland am Drachenhimmel tut. Herausgeber: Drachenclub Deutschland DCD.
- *Aero-Flott:*
  eine Drachenzeitschrift vom Drachenclub Berlin DCB mit interessanten Artikeln und Verbesserungen.
- *Kiters:*
  erstes farbiges Drachenmagazin mit vielen Tips und Informationen; erscheint in Deutsch; erhältlich in jedem Drachenladen.

Kontaktadressen

Dort erhält man sämtliche Informationen über Drachenfestivals, Drachenmeisterschaften, Drachenläden und alles sonst, was man über Drachen wissen möchte.

Drachenclub Deutschland DCD e. V.
Verein für Fesseldrachen-Sport
Wandsbeker Chaussee 82
oder Papenhuderstr. 26
2000 Hamburg 76

Drachenclub Berlin „Aero Flott" e. V.
Verein für den Fesseldrachensport
Bernhard Böhnke
Zwickauer Damm 43
1000 Berlin 47
Tel. 030/6624305